职业教育公共素养系列教材

创新创业教程

主　编 ◎ 李天莉　梁文宇　阙晓南
副主编 ◎ 利秀秀　门友强　韦　芳　黄　伟
参　编 ◎ 赖江连　张声勇　莫妙玲　胡芸慧
　　　　　伍华鹏　廖　媚　黄爱金　潘吉兴
　　　　　马　平　陆　涛　黄云慧

电子工业出版社
Publishing House of Electronics Industry
北京·BEIJING

内 容 简 介

本书分为五个模块，分别是服务优质发展的职业创新、尝试职业进阶的创业想法、变现创新想法的创业实践、沉浸创业体验的虚拟创业、践行知行合一的创业实战。本书知识体系结构完整，内容深入浅出，注重理论与实践的结合，每个案例都经过精心设计，非常适合读者学习。

本书可作为职业院校创新创业类课程的教材。

未经许可，不得以任何方式复制或抄袭本书之部分或全部内容。
版权所有，侵权必究。

图书在版编目（CIP）数据

创新创业教程 / 李天莉，梁文宇，阙晓南主编.
北京：电子工业出版社，2024. 10（2025. 8 重印）. -- ISBN 978-7-121-48918-1
Ⅰ.F241.4
中国国家版本馆 CIP 数据核字第 2024LL6668 号

责任编辑：胡乙凡　　文字编辑：魏　琛
印　　刷：三河市华成印务有限公司
装　　订：三河市华成印务有限公司
出版发行：电子工业出版社
　　　　　北京市海淀区万寿路 173 信箱　邮编　100036
开　　本：787×1 092　1/16　印张：10.5　字数：268.8 千字
版　　次：2024 年 10 月第 1 版
印　　次：2025 年 8 月第 4 次印刷
定　　价：36.00 元

凡所购买电子工业出版社图书有缺损问题，请向购买书店调换。若书店售缺，请与本社发行部联系，联系及邮购电话：（010）88254888，88258888。
质量投诉请发邮件至 zlts@phei.com.cn，盗版侵权举报请发邮件至 dbqq@phei.com.cn。
本书咨询联系方式：（010）88254489，youl@phei.com.cn。

丛书编审委员会

（排序按笔画顺序）

陈世富　邱少清　佟建波　莫荣军

赵彦鸿　黄兹莉　雷武逵　陈宇前

莫慧诚　蒋漓生　瞿道航　马翠芳

黄春燕　张　伟　班祥东　吴建成

梁　志　伍国樑　李运光　廖松书

PREFACE 前 言

　　在 21 世纪的今天，创新已成为推动社会进步、经济发展的核心动力之一。随着全球化和信息化的深入发展，创新不仅是科技进步的源泉，更是企业竞争力和国家综合实力的关键所在。作为新时代的青年，特别是职业院校的学生，培养创新创业精神，掌握创新创业技能，不仅是个人成长成才的重要途径，也是推动社会发展和进步的重要动力。

　　本书正是基于这样的时代背景和教育需求编写而成的。本书旨在通过系统化的课程设置和丰富的实践案例，帮助学生深刻理解创新创业的内涵与价值，激发创新思维，提升创业能力，为未来的职业生涯奠定坚实的基础。

　　本书内容全面、结构清晰，分为五个模块，每个模块都紧密结合职业院校学生的实际情况和市场需求，涵盖了职业创新的理论基础、创新方法、创业机会识别、创业计划制订、创业资金融通、创业法务筹划等多个方面，力求通过深入浅出的讲解和生动有趣的案例分析，让学生既掌握理论知识，又提升实践能力。

　　"服务优质发展的职业创新"模块介绍了创新的概念、特征、类型和意义，帮助学生建立对创新的全面认识。同时，通过丰富的案例和故事，激发学生的创新热情和勇气。

　　"尝试职业进阶的创业想法"模块引导学生思考如何将创新转化为创业行动。通过扫描创业"雷区"、识别创业机遇、凝练创业愿景等内容，帮助学生规避创业风险，找到适合自己的创业方向。

　　"变现创新想法的创业实践"模块则侧重于创业实战指导。从个体创业到团队创业，从网络创业到大赛创业，提供了多种创业模式和策略，帮助学生将创业想法转化为实际行动。同时，通过精益创业的理念和方法，帮助学生快速迭代、持续改进，提高创业成功率。

　　"沉浸创业体验的虚拟创业"模块则侧重虚拟创业平台的运用。从虚拟创业平台的简介，平台的具体操作流程，学习评价，到具体的创业方案示例，帮助学生最大程度地体验创业流程，提升在创业中解决问题的效率。

　　"践行知行合一的创业实战"模块则更注重实战演练和案例分析。通过模拟创业、虚拟创业平台操作、创业路演等活动，让学生在实践中提升创业能力，为未来的创业之路做好充分准备。此外，还特别强调了创业法务的重要性。在"创业法务如何筹划"单元中，详细介绍了公司注册、合同签订、知识产权保护、劳动法规遵守、税务合规等方面的法律知识，帮助学生规避风险，保障创业之路的稳健前行。

总之，本书是一本集理论性、实践性和指导性于一体的创新创业类教材。希望通过本书的学习，能够激发每一位学生的创新创业潜能，进而培养出更多具有创新精神和实践能力的高素质人才，为国家的繁荣富强贡献智慧和力量。

编　者

CONTENTS 目 录

模块一 服务优质发展的职业创新 ·· 001

    学习单元一　揭开职业创新的面纱 ·· 002

    学习单元二　触摸职业创新的灵魂 ·· 010

    学习单元三　把握职业创新的脉搏 ·· 017

    学习单元四　见证职业创新的奇迹 ·· 022

模块二 尝试职业进阶的创业想法 ·· 031

    学习单元一　扫描创业"雷区" ·· 032

    学习单元二　识别创业机遇 ·· 047

    学习单元三　凝练创业愿景 ·· 052

    学习单元四　保持创业热情 ·· 061

模块三 变现创新想法的创业实践 ·· 067

    学习单元一　从职业创新走向合伙创业 ·· 068

    学习单元二　从个体创新走向团队创业 ·· 076

    学习单元三　从边做边学走向精益创业 ·· 090

    学习单元四　从盈利至上走向利群创业 ·· 099

模块四 沉浸创业体验的虚拟创业 ·· 103

    学习单元一　虚拟创业平台概览 ·· 104

    学习单元二　虚拟创业平台操作流程 ·· 108

    学习单元三　虚拟创业平台学习评价 ·· 112

  学习单元四 虚拟创业方案示例……117

模块五 践行知行合一的创业实战……122

  学习单元一 创业资金从何而来……123

  学习单元二 创业政策有何利好……133

  学习单元三 创业路演如何出彩……136

  学习单元四 创业法务如何筹划……148

模块一

服务优质发展的职业创新

学习单元一
揭开职业创新的面纱

纵观人类发展历史，创新始终是推动一个国家、一个民族向前发展的重要力量，也是推动整个人类社会向前发展的重要力量。

——习近平

在我国悠久的历史文化中，创新文化、创新思维无处不在。老子在《道德经》中写道："天下皆知美之为美，斯恶已；皆知善之为善，斯不善已。故有无相生，难易相成，长短相形，高下相倾，音声相和，前后相随。"这就是一种创新思维。

创新就是要打破思维上的定向、从众、机械、经验等定式，不断在实践中形成新的视角、新的方法、新的理念，并进一步指导实践，从而使人类认识行为获得更为丰富、更为完善的结果。人类认识和改造自然促进社会不断向前发展的过程，都可以看作是不断创新的过程。创新是人类特有的认识和实践能力，是人类主观能动性的高级表现形式，是推动民族进步和社会发展的不竭动力。

案例及分析

什么叫创新？《伊索寓言》里的一则小故事给了我们一个形象的解释。

石头汤的小故事

一个暴风雨的日子，有一个穷人到富人家讨饭。

"滚开！"富人家的仆人说，"不要来打搅我们。"

穷人说："只要让我进去，在你们的火炉上烤干衣服就行了。"仆人以为这不需要花费什么，就让他进去了。

这时，这个可怜的穷人请厨娘给他一个小锅，以便他能"煮点石头汤喝"。

"石头汤？"厨娘说，"我倒想看看你怎样用石头做成汤。"于是她就答应了。穷人到路上拣了块石头，洗净后放进锅里煮。

"可是，你总得放点盐吧。"厨娘说，她给了穷人一些盐，后来又给了豌豆、薄荷、香菜。最后，厨娘把能够收拾到的碎肉末都放进汤里。

当然，您也许能猜到，这个可怜的穷人后来把石头捞出来扔回路上，美美地喝了一锅肉汤。

如果这个穷人对仆人说:"行行好吧!请给我一锅肉汤。"他能得到什么呢?想必什么都得不到。因此,伊索在故事结尾处总结道:"坚持下去,方法正确,你就能成功。"

 小故事

郑板桥独创一体

郑板桥是清代书画家、文学家,"扬州八怪"之一。他自幼爱好书法,立志掌握古今书法大家的要旨。他勤学苦练,开始时只是反复临摹名家字帖,进步不大,深感苦恼。据说,有一次他练书法入了神,竟在妻子的背上画来画去。妻子问他这是干什么,他说是在练字。他妻子嗔怪道:"人各有一体,你体是你体,人体是人体,你老在别人的体上缠什么?"郑板桥听后,猛然醒悟到:书法贵在独创,自成一体,老是临摹别人的碑帖,怎么行呢!从此以后,他力求创新,摸索着把画竹的技巧渗在书法艺术中,终于形成了自己独特的书法字体——板桥体。

从这个故事中,我们悟到了什么呢?

踩着别人脚步走路的人,永远不会留下自己的脚印。借鉴他人经验,是提升自己的好办法。可如果一味地追随、模仿,而不求思索、创新,往往容易陷入亦步亦趋的尴尬,难以有突破提高。因此,善于创新,才能超越,成为专业、行业领域的翘楚。

揭开职业创新的面纱

不要害怕失败,害怕的应该是停止创新。

——爱迪生

一、创新的概念

创新,顾名思义,创造新的事物。中国古代最早的百科词典《广雅》中说:"创,始也。"新,与旧相对。创新一词出现得很早,如《魏书》中有"革弊创新",《周书》中有"创新改旧"。在西方,英语中 Innovation(创新)这个词起源于拉丁语,有三层含义:一是更新,就是对原有的东西予以替换;二是创造新的东西,就是创造出原来没有的东西;三是改变,就是对原有的东西进行发展和改造。

曾经有一家公司,它采用很多方法去提高劳动生产效率。其中有四个车间,它们的劳动生产效率提高到一个临界点后,无论采取任何措施,劳动生产效率都不再提高。这时有人提议去分析一下这四个车间的员工构成。结果发现:第一个车间的工人都是男性,于是加入了几个女性工人,因此该车间的劳动生产效率得到了意想不到的提高,这也应了一句谚语,"男女搭配,工作不累";而第二个车间全是青年人,于是加入了几个中老年人,他

们的经验与阅历能够对该车间的全员起到稳定军心的作用，并对年轻员工发挥指导与引领作用，于是该车间的劳动生产效率也明显提高了；第三个车间都是中老年人，于是将几个年轻人加了进去，由于年轻人新鲜有活力，于是产生了鲶鱼效应，车间的劳动生产效率也得到了提高；再看第四个车间，男女老少均有，经过进一步的分析，发现这个车间都是本地员工，于是从别的车间调配了几个外地员工进去，外地员工担心本地员工看不起他们，于是拼命工作，而本地员工怕输给外地员工，也拼命工作，车间的劳动生产效率就这样被提高了起来。公司还是这些员工，只是把车间的人员结构变换了一下，就达到了目的，这就是创新。所以，创新时时处处都有，创新就在身边。

二、创新的特征

创新体现在社会和生活的各个方面，创新是人们能动性的首创活动，是一种新价值的实现，或者是新思想、新概念在实际生活中的运用，也可以是形成新思想、新观念和新理论的过程，是一种精神境界。创新作为一种行为活动，既是一种过程，又是一种境界，具有以下几个特征。

（一）首创性

首创性即是历史上从未有过的，是"无中生有"或者"有中生新"。"创"是动作，"新"是动作目标，指挥动作的是思维，新颖性是思维的结果，新的变动、新的组合、新的改进等，都是创新。创新可以是完全新，也可以是部分新，只要是对旧事物的突破，有所超越、有所不同的就是创新。比如，爱因斯坦发现相对论，公司组织了一场与往年不同的联欢会、推行了新的工作方法、进行了某些方面的改进等。

（二）时效性

创新作为一种活动，在思想、理论、技术形成或产品投放市场后，经过一定时间又会被更新的东西替代，这种替代使创新具有时效性。正因为创新具有时效性，所以我们在开展探索教学或者实行科学研究时，就必须探索其所处的阶段，并对发展前景进行预测。

（三）成果性

成果性是指创新必须以新的成果体现，不管是物质的，还是精神的；不管是实物，还是制度，都需要一个载体，将这种创新性展现出来。在创新的过程中可能会失败，失败不是创新，而是创新的一个阶段或者其中的一个环节，并且是不可避免的。成果性最终是以某种载体的形式，如论文、专利、论著、实物等体现的。

（四）价值性

价值性体现在创新成果产生的社会效益和经济效益上，其价值标准是社会性的，以不损害社会利益为前提。与之相反，那些损害社会利益的活动，即使是首创，也绝不是创新。

（五）综合性

从创新活动的过程来看，创新是许多人共同努力的结果，即多人投入的产出活动，它既需要技术人员的理论知识和技术，又需要生产者和管理者的共同联合、协作，才能达到预期的目标。因此，创新活动是一项综合性的活动。

 小故事

名画邀顾客

日本某保险公司出资53亿日元，买来凡·高的世界名画《向日葵》，悬挂于营业大厅。消息不胫而走，每天的观赏者达2万多人次，一时成为当地一大热点。各种报道充斥媒体，各种传闻流入街巷，公司知名度大为提高，生意蒸蒸日上。据行家估算，此广告效应产生的价值在2000亿日元以上。

商业竞争，人们或者做广告，或者讲服务，总有一套常规的办法。如何通过创新，少花钱、多办事，这是商家苦苦追求的。

在这个例子中，以凡·高名画招徕顾客，的确是个价值很高、构思独到的好创意。它的独创性表现在：一是以常人难得一见的名画吸引人，满足广大民众的审美要求，从而引来广泛关注；二是高值吸引人，名画的价格高得令人咋舌，既能引发轰动效应，又能实实在在地展现企业强大的经济实力，赢得社会信任；三是免费吸引人，让人不付分文即获高档次文化享受，提高企业的社会美誉度。一石数鸟，创意是金。总而言之，这种招客手法是"首创"，是"第一个"。

由此我们已经认识到，创新不分大小。氢弹爆炸、卫星上天之类的科学新发现、新发明、新创造是创新成果。家用冰箱单门变双门、电源插座单座变多座，同样也是创新的重要成果。可见，创新并不都关在高雅的象牙塔里，也不都高居华贵的殿堂之上。相反，在日常生活中，它触目皆是，人人皆能。因此，每个人都不要将创新神秘化，我们应该相信，它貌似艰深，实则平常。只有这样才能打消对创新的恐惧，积极地开动脑筋。

总之，不要当创新的看客，而要成为创新的主人。

三、创新的类型

从本质上说，创新是一种变革，在创新过程中聚焦于技术方面的变革是永恒的主题，因此有必要了解创新的多种类型和相关特点。

(一)产品创新

产品创新就是指提出一种能够满足顾客需要或解决顾客问题的新产品。例如,海尔推出的"环保双动力"洗衣机("不用洗衣粉的洗衣机")、华为推出的拥有AI功能的Mate10智能手机等,都是产品创新的例子。

(二)工艺创新

工艺创新则是指企业采取某种方式对新产品及新服务进行生产、传输,是对产品的加工过程、工艺路线及设备所进行的创新。例如,新型洗衣机和抗癌新药的生产过程中生产工艺及生产设备的调整,银行数据信息处理系统的相关程序使用及处理等均属于工艺创新。工艺创新的目的是提高产品质量、降低生产成本、降低消耗与改善工作环境。当然,上述两种区分并不是绝对的,有时两者之间的边界不甚清晰。例如,一台新型的太阳能动力轿车既是产品创新,也是工艺创新。尤其值得注意的是,在服务领域中产品创新和工艺创新通常交织在一起。

(三)服务创新

服务创新是企业为了提高服务质量和创造新的市场价值而发生的服务要素的变化,对服务系统进行有目的、有组织的改变的动态过程。服务创新的理论研究来源于技术创新,两者之间有着紧密的联系。但是由于服务业的独特性,使服务业的创新与制造业的技术创新有所区别,并有它独特的创新战略。

服务创新可以分为五种类型:服务产品创新、服务流程创新、服务管理创新、服务技术创新和服务模式创新。例如,自行车车座的组件可以添加凝胶的材料,从而增强减震效果,这是服务产品创新;服务企业导入全面质量管理(TQM)、海底捞火锅对员工独特的管理,这是服务管理创新;智能手机的指纹识别功能、电影院推出的网上自助订票选座服务,这是服务技术创新。

(四)商业模式创新

管理学大师彼得·德鲁克曾经说过:"当今企业之间的竞争,不是产品之间的竞争,而是商业模式之间的竞争。"

商业模式创新旨在对目前行业内通用的为顾客创造价值的方式提出挑战,力求满足顾客不断变化的要求,为顾客提供更多的价值,为企业开拓新的市场,吸引新的客户群。例如,传统的书店利用互联网来销售书籍,即开通网上书店。与传统书店相比,当当网就是一种商业模式创新。

(五)渐进性创新

渐进性创新是指在原有的技术轨迹下,对产品或工艺流程等进行的程度较小的改进和提升。一般认为，渐进性创新对现有产品的改变相对较小，能充分发挥已有技术的潜能，并经常能强化现有的成熟型公司的优势，特别是强化已有企业的组织能力，而对公司的技术能力、规模等要求较低。

在腾讯公司，渐进性创新的案例数不胜数，维持快速迭代的渐进性创新，是腾讯公司旗下的产品持续成功的重要因素之一。从腾讯 QQ 的第一个版本到现在，腾讯发布了数以百计个版本的 QQ，这其中当然有大的重构和功能的革新，但更多的是遍布在小版本中的渐进性创新。正是这种微创新能力使它击败了 MSN、联众、盛大等众多的互联网巨头，形成强大的盈利能力。

（六）突破性创新

突破性创新导致了产品性能主要指标的巨大跃迁，并对市场规则、竞争态势、产业版图产生决定性影响，甚至可能引发产业重新洗牌。

这类创新需要全新的概念与重大的技术突破，往往需要优秀的科学家或工程师花费大量的资金来实现，历时 8 至 10 年或更长的时间。这些创新常伴有一系列的产品创新、工艺创新及企业组织创新，甚至导致产业结构的变革。

四、创新的意义

1．创新是现代社会文明与发展的标志与特征，是现代文明的核心要素，是国家现代化的重要标志。

现代社会文明不是从来就有的，现代社会文明是指人类在改造自然和社会的过程中所积累起来的一切健康、积极、进步的优秀成果。文明可以标识人类的进步程度和状态，创新正是文明社会的一种标志。懂得运用创新的力量是人类文明发展的一个重要标志，人类也从此摆脱了自然的野蛮状态，过上了现代文明生活。持续创新是力量之源，发展之基；科技的每次发展都离不开创新；科学的本质就是创新，科技发展要靠创新。创新是当代科技发展的主旋律。面对突飞猛进的科技革命，创新对于我们国家尤为重要。一个国家、一个民族只有不断创新，才能在激烈的国际竞争中始终处于领先地位。反之，就必然落后于时代的发展，甚至会被飞速发展的时代所抛弃。总而言之，创新极大地促进了现代社会文明发展。

2．创新力是社会进步的第一推动力。

以信息产业为例，信息产业是决定 21 世纪国际竞争地位的先导性和战略性产业，是国民经济的支柱产业之一。众所周知，信息产业的核心有赖于软件与 IT 服务产业的发展，信息产业也是伴随着创新一步一步发展壮大，推动着社会不断进步的。信息产业是国家提高自主创新能力、取得突破的关键领域。

教学活动

活动一　问卷调查

你是否愿意尝试新事物并积极进取？通过回答以下问题，并计算得分，你可以了解自己属于哪类人。

1. 在周末的晚上，你不用做家务，所以你会（　　）。

    A．约几个朋友，租用几盒录影带

    B．独自在家看电视

    C．独自到林荫路散步，或到商店购买物品

2. 你上次改变发型是在（　　）。

    A．五年前　　　B．前几天　　　C．六个月前

3. 在餐馆吃饭时，你会（　　）。

    A．常点同样的菜，也尝试其他不喜欢的菜

    B．点朋友推荐的新的菜

    C．常点不同的菜

4. 你和家人旅行回来，朋友问你旅行的情况，因旅途中经常下雨，你会（　　）。

    A．说虽不是一次理想的旅行，但还过得去

    B．抱怨天气，抱怨和家人旅途中的不快

    C．描述糟糕的旅途和景色的美妙

5. 学校为学生提供义务工作的机会，你会（　　）。

    A．立即报名，因为这可获得社会经验并认识新人

    B．知道这次机会的重要意义，但是因为个人活动多，所以放弃

    C．根本不考虑，因为这样的工作机会太多

6. 你和约会对象吃完午餐，对方问你做什么，你会（　　）。

    A．说"随便"

    B．说"如果你喜欢，我们看电影吧"

    C．提议到新开的俱乐部去，听说那里很有趣

7. 在舞会上，朋友给你介绍一位聪明的小伙子，你会（　　）。

    A．谨慎地和他交谈，话题一直围绕天气、电影

    B．将你的故事告诉他

    C．将你上周听到的笑话讲给他听，然后问他是否想跳舞

8. 假设学校给你提供一个机会，作为交换学生到国外学习一个学期。由于时间紧迫，你会（　　）。

A. 要求一周的时间考虑

B. 立即准备行装

C. 根本不考虑，因为你已制订了自己的学习计划

9. 你的朋友将她写的关于自由的文章给你看，你不同意她的观点，你会（　　）。

A. 假装同意，因为担心说真话会伤害感情

B. 将你的感觉告诉她

C. 改变话题闲谈，避开问题

10. 你打算买一双简朴实用的鞋，你会到鞋店（　　）。

A. 买一双鞋，正好是你想买的

B. 买一双红色的牛仔靴，既不简朴，也不实用

C. 买一双很流行的鞋，可是只能明年穿

题号	1	2	3	4	5	6	7	8	9	10
A/分	1	3	3	2	1	3	2	2	3	3
B/分	3	1	2	3	2	2	3	1	1	1
C/分	2	2	1	1	3	1	1	3	2	2

将得分相加，你便会知道你是一个墨守成规、悲观消极的人，还是一个勇于创新、积极行动的人。

【结果解释】

24～30分：你的行为被动、消极，你应该走出你的房间，开展一些户外活动。被动的活动使你的头脑变得迟钝，如看电视。而当某些事不适合你时，不要发牢骚；相反，你要做出一些有创造性的行动。人们会被具有创造性行动的人吸引。心胸开朗，敢于尝试，你就不会悲观消极，从而得到快乐。

17～23分：还算快乐，然而，你其实可以令自己更快乐。你应该走出你的舒适圈，做些之前没有做过的事情，如参观画廊、参加健美操学习班等。

10～17分：非常快乐。你是个生龙活虎的人，对于有趣的事，你希望自己做。你具有乐观、开朗的态度，其他人和你在一起不会觉得沉闷。

活动二　创新案例我来评

1. 实训目的

通过收集和阅读与创新相关的案例，初步了解创新的相关概念，锻炼学生收集分析资料、团队合作和口头表达的能力。

2. 实训内容

以小组为单位，通过网络收集创新案例。选择与本专业学生实际情况最相近的创新案例，小组代表以个人陈述的方式将该案例介绍给全班同学，分析指出本组所陈述的案例中

创新成功或失败的主要原因,在校中职学生可以从中吸取哪些经验或教训。

3. 实训组织与实施

(1) 教师布置实训项目及任务,并提示相关注意事项及要点。

(2) 将班级成员划分为 4~5 个小组。小组成员既可以自由组合,也可以由教师指定组合。小组人数视班级总人数而定。每组选出组长 1 名,案例陈述代表 1 名,案例总结代表 1 名。

(3) 以小组为单位,通过网络收集若干创新案例。仔细阅读案例资料,充分展开讨论(课堂讨论或课外讨论均可)。选择其中最有启发性的案例作为实训的陈述对象。

(4) 陈述之前,小组组长对本组的成员及各自承担的任务进行介绍,案例陈述代表以 PPT 形式进行案例陈述。

(5) 自由讨论期间允许并鼓励其他小组成员提问,该组成员做出有针对性的回答。

(6) 案例总结代表进行案例总结。

(7) 各组组长组成评审团,对各组的表现进行评分。

(8) 教师进行最后总结及点评。

活动三 谁的创意多

长尾夹除了可以夹文件,还有哪些有创意的使用方法?

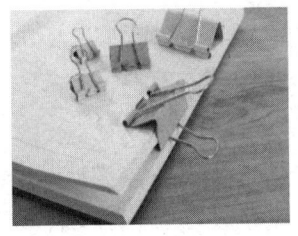

1. 将大、中、小号三种型号长尾夹(每个型号 10 个)发给各小组。

2. 每个小组结合长尾夹的结构特征,对有创意的长尾夹的使用方法进行讨论。

3. 每个组对有创意的使用方法进行汇总与演示。

学习单元二
触摸职业创新的灵魂

要增强创新意识、培养创新思维,展示锐意创新的勇气、敢为人先的锐气、蓬勃向上的朝气。

——习近平

创新是历史进步的动力、时代发展的关键。要创新,首先是养成创新意识和习惯。将创新变为内在习惯和自觉行为的思想意识,改变思维方式,学会克服思维障碍,利用多向、侧向、逆向等方式来思考问题。

 案例及分析

▶ 案例一

数学家华罗庚先生讲过一个故事：

如果我们去摸一个袋子，第一次，我们从中摸出一颗红玻璃球，第二次、第三次、第四次、第五次，我们还是摸出了红玻璃球，于是，我们会想，这个袋子里装的是红玻璃球。可是，当我们继续摸到第六次时，摸出了一颗白玻璃球，那么我们会认为，这个袋子里装的是一些玻璃球罢了。

可是，当我们继续摸，又摸出了一个小木球，我们又会想，这里面装的是一些球吧。可是，如果我们再继续摸下去……

人们在一个有限的范围内，接触了某些类似的概念后，往往会形成一种思维的定式，即这是什么，并且在一定的范围内似乎也是非常合理的。可是如果跳出了这个范围会怎样呢？

这个故事讲的是人会出现思维定式，在现实世界中，如果思维被束缚，那么在解决问题时很可能出现墨守成规的现象，所以，人们在思考问题时，应该养成大胆突破、破旧立新的思维习惯。

测一测：你是否已经被自己所掌握的知识束缚住了。

题目：请挪动其中一个数字（0、1或者2），使"101-102=1"这个等式成立。注意：只是挪动其中一个数字，只能挪一次，而且不是数字对调。

如果以前没有看到过这道题，相信你是很难思考出答案的，因为我们思考问题的方式本身就是受限的——思想是已知的知识的产物。

本题答案：将102中的2上移，变成10的平方，则等式就变成"$101-10^2=1$"。

由此，解决问题不能因循守旧，要有创新意识。

 小故事

一群老人与一个小孩的较量

三国时期，有人送给曹操一只山鸡。山鸡身材挺拔，羽毛丰满，色彩艳丽，很是神气。曹操高兴之余，下令大臣们都来逗弄山鸡，引它起舞，看看谁有这个本事。大臣们有的手舞足蹈，撩拨山鸡；有的拿来美食，吸引山鸡；有的伸长脖子学鸡叫，想逗引山鸡……尽管大臣们无所不尽其能，可是，山鸡一点都不配合，一动也不动，令人大失所望。

一个凑热闹的小孩见了，搬来一面大镜子，立在山鸡跟前。山鸡面向镜子，以为来了伙伴，高兴极了，咕咕直叫，翩翩起舞，越舞越来劲。曹操开心地笑了。

同学们，大臣可笑，小孩可爱，你也这样看吗？在这则故事中，大臣们为争宠邀功，竞相"逗弄山鸡"。他们只知机械遵从命令，百般表现自己，却丝毫不想山鸡的个性特征，不想如何投其所好，所以，尽管丑态百出，也难讨山鸡欢心，徒劳而无功。小孩子则脑瓜灵活，眼见大臣们黔驴技穷，他动起了脑筋，正像自己喜欢与小伙伴玩一样，山鸡也一定喜欢自己的伙伴；一时难以再找一只山鸡，就拿镜子来，让山鸡自己跟自己玩。果然，山鸡舞起来了。

其实，之所以有此差别，就在于大臣们与小孩的思维意识不同。大臣们守旧，小孩创新。大臣们心中只有曹操的旨意，只知依照旨意"逗弄"山鸡，却不敢越雷池一步；小孩心中没有"旨意"的影子，只想逗山鸡快乐，看山鸡起舞，于是，灵活的脑袋拐了个弯，就找到了最佳道具——镜子。

一、创新意识

（一）创新意识的内涵

所谓创新意识，是人们对创新与创新的价值性、重要性的一种认识水平、认识程度，以及由此形成的对待创新的态度，并以这种态度来规范和调整自己的活动方向的一种稳定的精神态势。创新意识通常代表着一定社会主体奋斗的明确目标和价值指向性，成为一定主体产生稳定和持久的创新需要、价值追求和思维定式及理性自觉的推动力量，成为唤醒、激励和发挥人所蕴含的潜在本质力量的重要精神力量。

（二）创新意识的构成

创新意识包括创造动机、创造兴趣、创造情感和创造意志。

1．创造动机

创造动机是创造活动的动力因素，它能推动和激励人们发动和维持创造性活动。

2．创造兴趣

创造兴趣能促进创造活动的成功，是促使人们积极探求新奇事物的一种心理倾向。

3．创造情感

创造情感是引起、推进乃至完成创造的心理因素，只有具备正确的创造情感才能使创造成功。

4．创造意志

创造意志是在创造中克服困难冲破阻碍的心理因素，创造意志具有目的性、顽强性和自制性。

把梳子卖给和尚

一家生产梳子的公司招聘业务员，经过面试后剩下三个人，最后一道题是：谁能把梳子卖给和尚？半个月后，三个人回来了。

甲：经过努力，最终卖出了一把梳子（在跑了无数的寺院，向无数的和尚进行推销之后，碰到一个小和尚，因为头痒难耐，说服他把梳子当作一个挠痒的工具卖了出去）。

乙：卖出了十把梳子（也跑了很多寺院，但都没有推销出去，正在绝望之时，忽然发现烧香的信徒中有位女客头发有点散乱，于是对寺院的住持说，这是一种对菩萨的不敬，终于说服了两家寺院每家买了五把梳子）。

丙：卖了1500把，并且可能卖出更多（在跑了几个寺院之后，没有卖出一把，感到很困难，便分析怎样才能卖出去。想到寺院一方面传经布道，另一方面也需要资金维持日常的开销与寺院的修缮，前来烧香的信徒有的不远万里，应该有一种带回点什么的愿望。于是和寺院的住持商量，在梳子上刻上各种字，如虔诚梳、金榜题名梳……并且分成不同档次，在香客求签后分发。结果寺院在分发梳子之后反响很好，越来越多的寺院要求购买此类梳子）。

把梳子卖给和尚是很不容易的事情。因此，这三个人都应该算是很优秀的销售人员。从三个人完成任务的方式上我们能学到什么东西呢？

点评：甲是个很勤劳的销售人员，面对困难的时候锲而不舍，最后终于圆满地完成任务。从完成任务本身来看他是很严谨的。因为这把梳子的确是卖给和尚使用了，不过是他创新挖掘了梳子的另一个附加功能——挠痒。这不能不说也是他的聪明之处。我们在做销售或者做策划的时候也是同样的，要考虑把我们认定的主要功能推销出去，琢磨哪一种是客户或者消费者最需要的。乙的成绩要比甲好，在销售过程中他做了更为大胆的尝试。那就是大胆改变了销售人群，让不可能购买的人群去购买给需要的人。买的人不一定用，用的人不一定买。这种情况是现实生活中一直存在的。那么我们是否要盯着我们确定的目标人群不放，并一直推销下去呢？并不是所有勤劳的人都会有结果的，而在于你是否能找到正确的方法。丙的做法更让人大吃一惊，因为他创造了循环的效益，而且找到了一个崭新的市场。丙的做法体现了一个很简单的商业道理——双赢。

（三）创新意识和创新的关系

1. 创新意识首先是我们谋求创新的意向和愿望。毫无疑问，政府管理创新，是时代和实践发展提出的客观要求，是人民群众的呼唤和期待。这些外在要求，只有变成我们内在的创新冲动和追求，才有可能变成创新实践。因此，政府管理创新的第一个前提，是我们要有创新的意向和愿望。

2. 创新意识还是我们实施创新的胆略和气魄。没有胆略和气魄，许多创新不敢想，想到了也不敢做，做了也不敢坚持。没有一点闯的精神，没有一点"冒"的精神，没有一股子劲，就走不出一条好路，走不出一条新路，就干不出新的事业。有了自觉的创新精神，就有了政府管理创新的胆略和气魄。

3. 创新意识又是创新的智慧和计谋。政府管理创新不是随心所欲，不是胡思乱想。创新举措要从实际出发，合乎改革发展的要求，合乎人民群众的愿望，合乎政府运行规律，并不是只要改变就属于创新。因此，创新既需要意向和愿望，需要胆略和魄力，还需要智慧和计谋。创新意识内含着这样的智慧和计谋。

（四）创新意识的特征

1. 新颖性

创新意识或是为了满足新的社会需求，或是用新的方式更好地满足原来的社会需求，创新意识就是求新意识。

2. 历史性

创新意识是以提高物质生活和精神生活水平需要为出发点的，这种需要很大程度上受具体的社会历史条件的制约。人们的创新意识所激发的创造活动和所产生的创造成果，应服务于人类的进步和社会发展。创新意识必须考虑社会效果。

3. 差异性

每个人的创新意识和他们的社会地位、环境氛围、文化素养、兴趣爱好、情感志趣等方面都有一定的联系，这些因素对创新意识的产生起到重大影响。这类因素也是因人而异的，因此对于创新意识既要考察社会背景，又要考察其文化素养和志趣动机。

（五）创新意识的作用

1. 创新意识是决定一个国家、民族创新能力最直接的精神力量。在当今时代，创新能力实际上已经成为国家和民族发展能力的代名词，是衡量一个国家和民族解决自身生存与发展问题能力大小的最客观、最重要的标志。

2. 创新意识促进社会多种因素的变化，推动社会的全面进步。创新意识根源于社会生产方式，它的形成和发展必然推动社会生产方式的进步，从而带动经济的飞速发展，促进上层建筑的进步。创新意识进一步推动人的思想解放，有利于人们形成开拓意识、领先意识；创新意识会促进社会政治向更加民主、宽容的方向发展，这是创新发展需要的基本社会条件。这些条件反过来又促进创新意识的扩展，更有利于创新活动的开展。

3. 创新意识能促进人才素质结构的变化，提升人的本质力量。创新实质上确定了一种新的人才标准，代表着人才素质变化的性质和方向，输出着一种重要的信息：社会需要充满生机和活力的人、有开拓精神的人、有思想道德素质和现代科学文化素质的人。它在客观上引导人们朝这个目标提高自己的素质，使人的本质力量在更高的层次上得以确证，激发人的主体性、能动性、创造性的进一步发挥，从而使人自身的内涵获得极大的丰富和扩展。

二、创新精神

（一）创新精神的内涵

创新精神是一个国家和民族发展的不竭动力，也是一个现代人应该具备的素质。创新精神是一种勇于抛弃旧思想旧事物、创立新思想新事物的精神。例如，不满足已有认识（如掌握的事实、建立的理论、总结的方法），不断追求新知；不满足现有的生产生活方式、方法、工具、材料、物品，根据实际需要或新的情况不断进行改革和革新；不墨守成规（如规则、方法、理论、说法、习惯），敢于打破既有框架，探索新的规律、新的方法；不迷信书本、权威，敢于根据事实和自己的思考向书本和权威质疑；不盲目效仿别人的说法、做法，不人云亦云、唯书唯上，坚持独立思考，走自己的路；不喜欢一般化，追求新颖、独特，与众不同；不僵化、呆板，灵活地应用已有知识和能力解决问题等。这些都是创新精神的具体表现。

创新精神是科学精神的一个方面，与其他方面的科学精神不是矛盾的，而是统一的。例如，创新精神以敢于摒弃旧事物、旧思想，创立新事物、新思想为特征，同时创新精神又要以遵循客观规律为前提，只有当创新精神符合客观需要和客观规律时，才能顺利地转化为创新成果，成为促进自然和社会发展的动力。创新精神提倡新颖独特，同时又受一定的道德观、价值观、审美观的制约。

创新精神提倡独立思考、团结合作、相互交流，反对孤芳自赏、固执己见、狂妄自大。创新精神还提倡胆子大，不怕犯错误，当然这不是说鼓励犯错误，只是这种试错是科学探究过程中不可避免的。创新精神提倡不迷信书本、权威，并不反对学习前人经验，任何创新都是在前人成就的基础上进行的。创新精神提倡大胆质疑，而质疑要有事实和思考的根据，并不是用虚无主义的眼光怀疑一切。总之，要用全面、辩证的观点看待创新精神。

（二）创新精神的意义

爱因斯坦说："没有个人独创性和个人志愿的统一规格的人所组成的社会，将是一个没有发展可能的不幸的社会。"这句话从反面阐明了创新精神和创新能力对社会发展的意义。只有具备创新精神，我们才能在未来的发展中不断开辟新的天地。创新是适应信息化和经济全球化的客观要求。面对今天这个信息化、经济全球化时代，如果不与市场结合，不去创新，那么企业就没法生存。在信息化时代，互联网得到广泛应用，大多数的信息都是对称的，只有速度制胜才能占领市场。谁能最先满足用户需求，谁就会赢得市场。所以要把创新精神渗入每个人的意识之中，才能在激烈的竞争中处于不败之地。

教学活动

活动一 创新意识测评卷

要求：请先认真阅读并记住下面的关于选项的提示，并遵从自己的感觉，快速选择。（提示 A：没有或极少时间这样想；B：偶尔如此这样想；C：常常是这样想的。）

1. 我从来没有这样做过呀！　　　　　　　　　　A　B　C
2. 这改变太激进了吧！　　　　　　　　　　　　A　B　C
3. 别人也这样做了吗？　　　　　　　　　　　　A　B　C
4. 这不是我们的职责。　　　　　　　　　　　　A　B　C
5. 我们以前就做过这个事情。　　　　　　　　　A　B　C
6. 你别开玩笑了！　　　　　　　　　　　　　　A　B　C
7. 让我们回到现实中来吧。　　　　　　　　　　A　B　C
8. 这才不是我们的问题。　　　　　　　　　　　A　B　C
9. 为什么要改？以前运作得就很好。　　　　　　A　B　C
10. 我们没有这样做也很好呀。　　　　　　　　 A　B　C
11. 我们会变成别人的笑柄。　　　　　　　　　 A　B　C
12. 不喜欢那些新点子，有什么用？　　　　　　 A　B　C

评分与评价：

选"A"得 0 分，选"B"得 1 分，选"C"得 2 分。你的总分是：_____。

以上列出的是阻碍创新的价值观，在这些观念的指导下，你会感到一切变动都没有必要，一切新的想法都值得怀疑。如果你的总分在 16 分及以上，表明你的某些观念在阻碍着你的创新。

活动二 小游戏

1. 内容：打破思维定式。
2. 目的：通过小游戏，让同学们打破思维定式。
3. 要求：现在请 12 位同学上来做一个小游戏。将这 12 位同学平均分为两队，把放在地上的两个钥匙扣捡起来，再把钥匙扣从队首传递到队尾。游戏规则是必须按照顺序传递，并使钥匙扣接触每位同学的手。现在两队比赛看看，哪一队能在最短的时间内完成这一游戏，赢的那一队可以获得一份神秘奖品。

思路：最快的方法是抛开传递的方式，把两个钥匙扣扣在一起，同学们把手围成圆筒状，依次向上叠放，形成一个通道，让钥匙扣从上往下落，既按顺序传递，同时也接触了每位同学的手。

活动三　反口令游戏

1. 内容：以小组为单位，通过反口令游戏训练逆向思维能力。
2. 目的：训练逆向思维能力，激发创新热情。
3. 组织与实施：

（1）同学们五人一组，分成若干小组。

（2）每组人站成一排，然后听老师的口令，当老师说向前一步走时，所有人都必须退后一步。每次所做的动作都必须和老师说的口令相反，有人出错即被淘汰，然后其他人继续，剩余的最后一个人为胜利者。

（3）看看谁的反应最快，每组的获胜者重新组成一组，提高口令难度，比如，举起左手向右转等，用时最短者胜出。

学习单元三
把握职业创新的脉搏

个人想做点事业，非得走自我的路。要开创新路子，最关键的是你会不会自我提出问题，能正确地提出问题就是迈开了创新的第一步。

——李政道

一、职业创新的潜能

创新是一个民族进步的不竭动力。只有创新才能使一个民族屹立于世界民族之林，只有创新才能使一个人在个人职业发展中立于不败之地。在职业发展中，找到职业锚能使我们摆脱职业枯竭，利用创新不断发展、壮大，使个人职业发展攀上高峰。在经济全球化和全面深化改革开放的机遇下，在"大众创业、万众创新"的浪潮下，谁能抓住创新的脉搏，找到创新思路，或许能改变自己发展方向。一个人只有通过自己的努力和不断创新，才能更好地开拓一番属于自己的天地，获得更大成功。

二、职业创新的时代脉搏

1. "互联网+"时代

随着科学技术的发展,利用大数据和互联网平台,使互联网与传统行业进行深入融合,创造更多发展机会。"互联网+"形成了由互联网形态演进及其催生的经济社会发展新形态。2015年3月5日,第十二届全国人民代表大会第三次会议的政府工作报告中首次提出"互联网+"行动计划。我们可以借助互联网平台,对电子商务、远程医疗、软件开发、智能家居、网络服务等进行创业创新,如通过互联网技术,对种植业实行数字化、网络化,在线获取和共享农作物种植技术、气象数据、市场行情、农产品质量追溯等信息。运用农产品电商平台、农业大数据平台、农业科技服务平台等进行投资创业。例如,近年来南宁市武鸣区借助新型电商平台"拼多多"独有的"农地云拼"模式,武鸣沃柑迅速走进千家万户。融安县电商交易总额由2016年的8.8亿元增长到2022年的55亿元,其中"融安金桔"通过电商平台销售超20亿元。通过互联网还可以实现养殖场的数据化管理和智能化养殖,将养殖企业、养殖技术、原料供应商、销售商等纳入统一的供应链系统,实现信息共享和协同作业,实现养殖技术的分享和培训等。同时以互联网为载体和技术手段,还可以进行健康教育、医疗信息查询、电子健康档案创建、疾病风险评估、在线疾病咨询、电子处方开具、远程会诊、远程治疗和康复等多种形式的健康医疗服务。因此,在"互联网+"新经济形态下,充分发挥互联网的作用,为职业创新增砖加瓦。

创业机会:

① 移动电商和社交平台。通过手机App、微信小程序等平台,可以将产品或服务推向千万用户。移动电商的优势在于方便快捷,用户可以随时随地购物,同时也能享受更多的促销和优惠。通过微博、微信、抖音等社交平台,将品牌或产品推广给大量用户。

② 在线教育和在线医疗咨询平台。通过建立在线教育平台,提供各类课程和培训,帮助人们提升技能和学习新知识。通过建立医疗咨询平台,提供线上诊疗、健康咨询等服务。

③ 在线旅游和共享平台。通过建立在线旅游平台,提供各类旅游产品和预订服务,帮助人们规划行程和享受旅行。通过建立共享平台,将闲置的物品或资源共享给需要的人使用。

2. 人工智能+时代

人工智能将成为发展新质生产力的重要引擎。人工智能技术的崛起为创业者们提供了前所未有的机会,极大加速科学与技术的进步,同时还能激发人的创新思维。通过观察和学习人工智能的处理方法和工作原理,能启发人的灵感,获得更多创新思路。例如,人们使用AI算法对大量数据进行分析和处理,从而发现新的规律和关联。这种大数据分析可以帮助人类更好地理解客户需求和市场趋势,为产品设计和创意开发提供支持。我们还可以借助人工智能技术,开发并提供智能家居、自动驾驶、智能医疗等领域的产品和服务。目前，人工智能技术已在多个领域得以应用，如养老服务产业、文化产业、金融行业、工业等。例如，腾讯云发布了金融行业大模型解决方案，招联金融、度小满、星环科技、奇富科技等均发布了金融大模型。这些领域的成功案例已经逐渐显现，预示着未来会有更加广阔的市场前景。

创业机会：

① 人工智能与大数据解决方案提供商：为各行各业提供基于人工智能和大数据技术的解决方案，如数据分析、预测模型等。

② 智能硬件制造商：结合人工智能技术，开发具有创新功能的智能硬件产品，如智能家居设备、智能穿戴设备等。

③ 图像识别与计算机视觉开发商：可开发基于人工智能的图像识别系统，用于人脸识别、车牌识别、安防监控等领域，或者将计算机视觉技术应用于医疗影像分析、智能交通等领域。

3. 绿色环保产业时代

随着全球气候变暖、生物多样性的减少、臭氧层破坏及土地荒漠化等环境问题的出现，人们的环保意识得到了提高，绿色环保产业逐渐成为创业热点。在智慧城市建设、风力发电、太阳能发电、新能源汽车、循环经济、绿色建筑等领域，我国出台了很多关于环境保护的政策。2022年7月，住房和城乡建设部、国家发展改革委印发《"十四五"全国城市基础设施建设规划》的通知，通知要求加快新型城市基础设施建设，推进城市智慧化转型发展。通过推广使用风力发电和太阳能发电，减少环境污染。大力推广新能源汽车，截至2023年底，中国的新能源汽车产销规模连续九年位居世界第一。减免新能源汽车车辆购置税，构建高质量充电基础设施体系，鼓励企业丰富新能源汽车供应，支持新能源汽车下乡和乡村振兴等。

目前，全球各国正在积极开发和应用绿色环保项目，逐步实现绿色环保产品进入社会各领域。绿色环保项目的投入不仅能够保护自然环境和资源，还可以促进经济和社会的可持续发展。通过产品的创新和研发，我们可以为市场提供更加环保、高效的产品和服务，从而获得成功。

创业机会：

① 绿色能源技术开发商：开发清洁、可再生的能源技术，如太阳能、风能等。

② 环保产业服务商：为环保产业提供技术支持、咨询服务等一站式解决方案。

③ 绿色消费品牌创立者：推广环保理念，打造绿色消费品牌，如有机食品、绿色家居等。

4. 医疗健康产业时代

据统计，截至2023年底，我国60岁及以上人口占全国人口的21.1%，其中65岁及以上人口占 15.4%。随着我国人口老龄化程度的加深，国家层面开始高度重视银发经济的发展。2024 年 1 月 15 日，国务院办公厅印发《关于发展银发经济增进老年人福祉的意见》，强调"发展银发经济，事关国家发展全局，事关人民福祉。"据相关测算，目前，我国银发经济规模在 7 万亿元左右，占 GDP 比重约为 6%。到 2035 年，银发经济规模有望达到 30 万亿元左右，潜力巨大。随着人口老龄化和健康意识的提高，健康产业将成为未来最具潜力的行业之一。养老产业范围为养老照护服务，老年医疗卫生服务，老年健康促进与社会参与，老年社会保障，养老教育培训和人力资源服务，养老金融服务，养老科技和智慧养老服务，养老公共管理，其他养老服务，老年用品及相关产品制造，老年用品及相关产品销售和租赁，养老设施建设等 12 个大类。因此，健康产业将迎来更多的市场需求。老年人口逐步成为重要的消费群体和经济力量，为我国养老产业的发展带来新机遇和发展空间。产品与服务的研发和创新，可以为市场提供更加优质、高效的产品和服务。

创业机会：

① 生物技术研发公司创立者：开展生物药品、基因工程等研发工作，推动生物科技领域的创新与发展。

② 医疗设备制造商：生产先进的医疗设备，如智能医疗诊断仪器、手术机器人等。

③ 健康管理服务商：提供个性化的健康管理方案，包括定期体检、健康咨询、康复服务等。

5．文化创意产业时代

文化创意产业是在经济全球化背景下产生的以创造力为核心的新兴产业，主要包括广播影视、动漫、音像、传媒、视觉艺术、表演艺术、工艺与设计、雕塑、环境艺术、广告装潢、服装设计、软件和计算机服务等方面的创意群体。当前我国文化产业发展在内容、业态、技术和发展模式等方面进行创新，把中华优秀传统文化创造性地转化成创新性发展，把优秀文化产品内容、数字文化创意、共性关键技术等相关产业融合发展。例如，电影《卧虎藏龙》就是一个采用西方化的艺术表达方式来包装中国内核的故事；某杂技团利用杂技的形式重排俄罗斯经典芭蕾舞剧《天鹅湖》，在圣彼得堡市十月剧场的两场国外商业演出中，每次谢幕时，全场观众起立鼓掌达 15 分钟之久。走出剧场后，仍有不少观众对身边的中国人拼命鼓掌。文化创意产业将迎来更多的市场机遇，例如，设计、艺术、影视等都是具有潜力的创业方向，运用人工智能，通过创新和创意，可以为市场提供更加独特、有吸引力的产品和服务，从而获得成功。

创业机会：

① 文化创意产品：如特色文具、创意书店、手工艺品、服装等。这些产品通常结合了文化和艺术元素，具有独特的魅力和价值。

② 主题展览：通过展览展示文化元素，如博物馆、美术馆、艺术馆等。这些展览可以

通过互动体验、讲解等方式吸引观众，提高文化认知和兴趣。

③ 文化旅游：将文化元素与旅游相结合，如历史遗迹游览、民族文化体验、美食之旅等。这类项目可以让游客深入了解当地的文化传统和风土人情。

④ 演出活动：如音乐会、话剧、相声、舞剧等。这些演出可以通过创新的方式吸引观众，如使用虚拟现实技术、现场互动等。

三、把握职业创新脉搏应具备的能力

1．有敏锐的市场洞察力，发挥自身优势。

要想在职业创新中取得成功，首先需要了解市场需求和创新具备的条件，通过市场调研和分析，把握时代的脉搏，可以发现当前市场上哪些行业正蓬勃发展，哪些领域有巨大的增长潜力。例如，近年来互联网、人工智能、健康、环保、文化创意等领域呈现出爆炸式增长，可以为我们提供大量的创业创新机会。其次要发挥自身优势，我们应该充分发挥自己的长处，挖掘创业潜力，包括专业知识、技能、资源等。通过利用自身的优势，我们可以在激烈的市场竞争中脱颖而出，在职业创新方面取得成功。

2．培养创新思维，打破局限。

创新思维是职业创新的核心。培养创新思维需要跳出固有思维模式，采用不同的思考方式来解决问题，可以运用设计思维、系统思维、侧面思维等方法来培养创新思维。通过各种思维训练方法，如发散思维、逆向思维、多角度思考等方法，提高自身的思维能力，增强以创新方式解决问题的能力。通过拓展知识储备来扎实创新思维的基础，通过锻炼思维能力、培育创新环境、培养个人好奇心、经常运用质疑和反思等方法，提高自身的创新能力，为未来职业创新发展和社会的进步做出贡献。

3．要勇于冒险和尝试。

创新意味着不断推陈出新、突破传统的思维和做事方式。在职场中，我们经常会遇到各种问题和挑战，但不要害怕失败，要敢于尝试不同的方法和策略。成功往往来自多次失败后的总结和改进，正是通过这种无畏精神，我们才能迈向成功。

4．要重视团队协作，善于利用人际关系。

在创业创新的过程中，我们需要借助集体的力量，"一个好汉三个帮"，这样才能帮助我们在创新方面取得成功。通过组建一个强大的团队，大家一起出谋划策，找到合适对接的人能更好地开展自己的工作，共同应对各种挑战和困难，实现目标。要善于利用人际关系，与同事、朋友建立良好的合作关系，寻求他们的支持和帮助；向业内专家学习、请教与交流，学习他们的成功经验和智慧，这些在职场中起着举足轻重的作用。

5．要保持积极的心态并持续地努力。

创业创新和事业发展是一项长期的工程，需要我们保持信心和耐心。在遇到挫折和困

难时，我们要坚持不懈地努力，相信自己的实力和潜力，相信付出终会有回报。乐观的心态有助于我们面对挑战，激发内在潜能，创造更多的可能。只要我们坚定信念，勇于创新，努力奋斗，就一定能在职场中开创自己的事业。

6. 要善于学习、主动学习，不断提升自身能力。

当前是新知识、新事物层出不穷的年代，要想在创业创新中获得成功，我们需要时常保持主动学习和提升自己能力的意识，可以通过培训、电视、互联网等途径学习新知识和技能，及时了解国家相关政策，并将其运用到工作中，拓宽自己的眼界和能力，提升竞争力。

活动一　走访调查

走访身边 1~2 家创业企业，要求：

1．了解该企业的创始人是否是连续创业者，创立该企业是他（她）的第几次创业；

2．如果是连续创业者，那么在前面的几次创业经历中，他（她）遇到了哪些问题（风险）？他（她）是如何应对的？

3．企业创始人从以往的经历中得到了哪些经验和认识？

4．在后来的企业经营中，企业创始人（管理团队）是怎样预判、控制和应对风险的？

5．以团队的方式将上述内容做成 PPT，在班级分享。

学习单元四
见证职业创新的奇迹

你若要喜爱你自己的价值，你就得给世界创造价值。

——歌德

近年来，在创新领域，我国取得了丰硕的成果。例如，"奋斗者"号完成国际首次环大洋洲载人深潜科考任务；C919 国内生产大型客机成功开启首次商业载客飞行；新能源汽车产业快速壮大；国内生产首艘大型邮轮交付，实现造船工业历史上大型邮轮从 0 到 1 的突破；"中国芯"在技术上取得了重要突破；嫦娥五号探测器顺利发射并圆满完成地外天体采样返回任务；量子计算原型机"九章"的诞生，标志着我国在量子计算领域取得了全球领先地位。这些新技术、新发明、新产品和新装备，不仅优化了产业结构，还推动了产业升级，科技创新为高质量发展提供了强有力的支撑。

这些创新成果的背后，是我国强大的创新能力，而这种能力的形成与良好的创新环境密切相关。通过自主创新，我国实现了许多"首次"和"第一"，这些成就不仅让国人感到自豪和骄傲，也加速了我国科技自立自强的步伐，使我们的强国梦想逐渐变为现实。

案例及分析

▶ 案例一

人不负青山，青山定不负人

黄安领出生在河池市都安瑶族自治县地苏镇的一个山村，2014年从广西农业职业技术学院（今广西农业职业技术大学）毕业后，他被广西农垦集团录用。能够进入国有企业，等同于获得了一个稳定的职业，全家人对此感到非常欣慰。可2017年家里的一系列变故，让他的梦想破裂。先是父亲突然病倒，不到一个月就离开人世；接着女儿出生后又患儿童重症，治疗费用花了几十万；雪上加霜的是，年迈的爷爷扛不住连失亲人的悲痛，也撒手人寰。这一年，这让刚刚看到希望的一家又陷入困境，欠下的外债多达五十几万元。妈妈身体又不太好，闹着要回老家，黄安领无奈离开城市，回到老家生活。

回到家乡见到山里耕地大多撂荒，出身于农校的黄安领便想怎么把这些土地利用起来。正所谓"久病成医"，在女儿生病找中医调理时，他对中药有了一定的了解，也有意打探中药市场，感觉家乡很适合种植中草药。

2018年初，黄安领将几十亩山地开垦平整并种上中草药钩藤，年底时收入有近六万块钱，这让他信心倍增。他决定大规模种植中草药，他租下了大伙因搬迁丢下的900多亩山地。利用建档立卡贫困户的五万元创业无息贷款，加上向亲戚朋友借的15万元，一部分土地种植周期长的沉香、山葡萄、长寿茶等，一部分土地种植当年就有收益的钩藤、岩黄连、猫豆等中草药，这样就形成长短结合，以短养长的种植结构。附近乡亲见到黄安领大规模种植中草药，纷纷前来参观"取经"。有要求提供种苗的，有要求技术指导的，有要求入股的。他干脆注册成立了"广西金都农民专业合作社"，开启多种合作方式，与乡亲们共同发展。合作社社员一下就发展到100多户，涉及拉烈、百旺、澄江、高岭、大兴等五个镇十二个村。

2020年，黄安领开始尝试太秋甜柿的苗木繁育，并试种了30亩，发现太秋甜柿对当地气候、土质很适应。2021年底，基地嫁接的三万多株太秋甜苗开始出售，收入超40万元。黄安领信心百倍，他把育苗规模扩大到年产20万株。2022年黄安领种植的太秋甜柿开始挂果，秋季成熟，每株能达到25千克以上。9月15日，在安阳镇举办太秋甜柿现场观摩会，近600名游客到场观摩，他们品尝了太秋甜柿后都赞不绝口，当场签下近180万元的种苗订购合同。

现在，合作社共有中草药、酿酒毛葡萄、太秋甜柿果园、太秋甜柿育苗基地共1500多

亩，年产值达 700 多万，直接或间接带动 150 多户群众增收。

该案例的主人公因家庭变故，从稳定的工作"被迫"走上创业之路，但是功夫不负有心人，最终也看到了属于他的创业奇迹。总有人会将创业失败归咎于运气欠佳，其实，问题往往出在自己身上，但有些人会忽略这一点。这就像在一片沙漠中行走，大多数人走到半路就放弃了，失去了生存的希望，却不知道翻过眼前的沙丘就能看到绿洲。无论何时都要记住，好运总是要先戏弄人们一番，然后才会向具有坚定不移品质的人展露微笑。

▶ **案例二**

"小庭院"蜕变"增收园"

走进陈文庆家的庭院，每一个人都会被眼前 4 个大小不一的圆柱形鱼池所吸引。鱼池内的鲈鱼、黄蜂鱼、罗非鱼等各类鱼儿游得正欢。撒上一把鱼料，满池的鱼儿顿时欢腾起来，溅起的朵朵水花滴落在陈文庆幸福的笑脸上。"我家院子大，以前用来堆放杂物，没有很好地利用。去年 8 月份，我就建好了这 4 个鱼池，最大的一个直径有 10 米，总共投入了 9 万多元。养殖鲈鱼、罗非鱼等年产量达 16 吨，年纯收入超过 8 万元。"对于发展家庭水产养殖，陈文庆信心十足。他一步一个脚印，带领村民积极发展陆基圆池渔业养殖，为脱贫致富开辟出一条新的出路。

2021 年 3 月，陈文庆跟随村党总支部到县外考察学习养殖技术。就是这次不同寻常的考察，让他敏锐地嗅到了发展商机。他发现陆基圆池养殖具有占地面积小、产出效益高、节省劳动力且能实现在家就业的特点，非常适合长塘村的村情、民情。回村后，他联合 6 名党员群众共同出资 30 多万元成立水产养殖专业合作社，盘活闲置集体厂房改造成为庭院陆基圆池高密度水产养殖基地。历经水池建设、技术培训、设备引进、种苗引进，仅用一个月时间，火速建好了 13 个水池，养殖黄蜂鱼、鲈鱼、罗非鱼、鲤鱼等。付出终有回报。经过不懈努力，2020 年该基地养鱼收益共收入 14.76 万元，2021 年年收入超 40 万元，农户户均年收入增长 4 万元以上。在陈文庆的带动下，长塘村逐步实现产业转型升级，辐射带动更多有条件的农户参与陆基圆池高密度泉水养鱼，同时结合光伏发电、水循环系统项目，形成"一村一品"特色产业，走出一条人无我有、科学发展、符合自身实际的道路，为农村经济注入了新活力。

产业振兴是乡村振兴的重中之重，乡村振兴离不开产业兴旺，同学们通过在校学习专业知识和职业技能，毕业后回到家乡创业，"小乡村"也可以有"大作为"。目前有部分学生创业者，总喜欢贪大求快，不能够静下心来钻研产业发展和管理经营，导致创业失败率较高。南宋张孝祥有这样一句话："立志欲坚不欲锐，成功在久不在速。"这句话的意思是，所谓"无志之人常立志，有志之人立常志"，人要立志坚定不移，专心持久，事业的成功贵在持之以恒，而不是急于求成。

> 案例三

敢闯敢干出奇迹

韩子夜，一名85后的大学生创业者。他在2013年大学毕业，2015年放弃了在北京央企的工作，返回家乡与兄长一同投身于灵芝的种植事业。

从对灵芝种植一无所知，到两年的时间里就成立公司、建立专业的种植基地，韩子夜始终坚守一个信念，"我来自农民家庭，农村有广阔的天地，我要返乡闯一闯。"

韩子夜的家乡在任丘市出岸镇段家务村。2013年，韩子夜从华北电力大学毕业后，在中国能源建设集团担任现场工程师，拿着七八千元的稳定月薪，但他的心向往着更远大的梦想。一次偶然的机会，韩子夜发现了灵芝种植隐藏着巨大的创业潜力，并将"回乡种植灵芝"的想法告诉了同样在央企工作的哥哥。出乎意料的是，兄弟俩一拍即合，立刻辞职，毅然回到家乡创业。

创业初期，由于缺乏灵芝种植的经验和全面的规划，韩子夜兄弟俩辛苦搭建的四个灵芝种植大棚在第一个雨天就被冲毁，再加之管理不善，导致大量灵芝腐烂。

韩子夜并未气馁，他陆续前往天津、山东、江苏、浙江等地的种植基地考察学习，并通过网络和书籍恶补专业知识。

2015年，韩子夜兄弟逐渐掌握了全面的灵芝种植技术，投资140万元成立了任丘市悬圃灵芝种植专业合作社，并注册了"悬圃"商标。同时，他们租借了20亩土地，建设了悬圃灵芝种植园，通过采集东北的名贵灵芝，培育出适合本地生长、具有观赏和药用等多重价值的灵芝品种。

经过两年的努力，2017年，悬圃灵芝成功培育出了吉祥灵芝盆景，采用国内首创的灵芝嫁接技术，使得灵芝形态美观、姿态多变。2019年，韩子夜代表河北沧州参加了北京世界园艺博览会，吉祥灵芝盆景赢得了金奖。

如今，悬圃灵芝种植专业合作社已经发展成为一家集灵芝种植、研发、销售、服务于一体的农业企业，拥有超过30亩的灵芝种植基地，年产量超过10万株，年产值约200万元，为200多人提供创业培训，每年平均吸纳100多名村民就业增收。

职业院校学生进行创业活动时，往往受到社会普遍观念的影响，一旦谈到创业，人们立刻联想到高科技行业，这当然不错，但创业并不仅限于成立大企业或进行大规模交易。即便是传统行业中的某项具有创新意义的技术改进，甚至开设一家小型店铺，也都属于创业的范畴。关键在于同学们是否具备从微小处着手、从现实出发的勇气，对行业进行深入分析，对社会市场需求和大众消费趋势有深刻的认识，分析自己所具备的创新优势，根据自己的实际能力来行动，不轻率行事。

▶ 案例四

致富路上永不停息

刘凯槟,来自云南省曲靖市陆良县马街镇杜旗堡村,2015年大学毕业后选择回乡创业,投身于鲜花种植行业。经过数年的实践和积累,刘凯槟逐渐成长为一名种植专家。目前,他的鲜花销售业务做得有声有色,他又转型从事农业服务,在个人发展的同时,也为周边农户提供了就业岗位,带动了邻里乡亲共同致富。

2015年,即将走出大学校园的刘凯槟满怀创业激情。他首先去了昆明市呈贡区的斗南花卉市场进行考察,并说服父母借给他20多万元,再加上从亲友处借来的十多万元,刘凯槟正式踏上了创业之路。经过半年的辛勤工作,看到花朵绽放,刘凯槟心中充满喜悦。但是,当花朵盛开时,却没有人来收购。他将样品送到斗南花市,却被告知:花的质量一般,且已经过了盛开期。第一年的创业尝试,非但没有盈利,反而亏损了不少。面对困境,刘凯槟走出基地,寻找专家咨询,花了半年时间进行市场调研,但结果并不乐观。在一次参观石林的鲜花产地时,刘凯槟看到了几百亩盛开的玫瑰,这激发了他的灵感:"如果我能成功种植这些小众品种,并找到好的销售渠道,利润空间将非常大。"于是,他从产业园购买了5万株小众玫瑰品种进行试种。在第二轮种植中,刘凯槟一心扑在花房里,从压枝打杈到采摘包装,事事亲力亲为。为了节约成本,他甚至自己开车将花送到斗南花市,常常深夜才能回到基地。

2016年,刘凯槟迎来了好时机:传统玫瑰的售价每枝一元多,而他的小众玫瑰却能卖到每枝七八元,每亩净利润接近3万元,他赚到了第一桶金。他还清了债务,并升级了设备,从低端大棚转向自动化温室。尽管第二年的收入颇丰,但他也开始担心:"如果鲜花价格暴跌或滞销怎么办?"他深知,玫瑰种植的关键不在于种植技术,而在于销售。

刘凯槟开始尝试线上定价销售模式,与大经销商签下订单,从而提前锁定利润并专注于控制生产成本。然而,作为一个初创企业,他缺乏稳定的客户群。凭借前期积累的客户资源,刘凯槟开始了初步尝试。在第一次自主销售中,他将几千枝小众玫瑰通过陆运送到上海,但由于经验不足,很多花在运输过程中受损。尽管如此,刘凯槟没有放弃,他不断完善采摘和包装流程,改用空运以缩短运输时间,并逐渐筛选客户,最终降低了退货率。

如今,刘凯槟的玫瑰基地有近七成的玫瑰在长成之前就已经有了买家。他的公司已经与超过200家批发商和2000家花店建立了业务联系。剩余的三成玫瑰用于拓展新客户和试种新产品。公司的设施和技术也在不断升级,实现了精准的水肥管理和智慧农业一体化管理。

随着基地规模的扩大,刘凯槟开始带动更多的农户,但他也面临着招聘工人的困难。

恰好村里希望他能解决建档立卡贫困户的就业问题，双方一拍即合。村里的产业扶贫资金入股刘凯槟的玫瑰基地，每年为村里带来 20 多万元的分红，其中六成惠及建档立卡贫困户。现在，刘凯槟的公司不仅帮助花农销售玫瑰，还提供了就业岗位，与周边村庄群众的收入紧密相连。

随着玫瑰产业的不断发展，刘凯槟又开始考虑企业的再次转型。现在，他在杜旗堡村流转了 360 亩土地，吸引了投资者来建设大棚，而他的团队则负责提供田间管理、采摘、物流、销售等服务，希望从农业种植转变为提供农业社会化服务。

创新是民族精神的灵魂，是国家持久繁荣的关键因素。中国的青年学生，作为社会上最富有活力的群体，如果丧失了创造的激情和愿望，那么中华民族最终会丧失持续发展的动力。学生的创业行为，有助于培育同学敢于探索和创造的精神，将就业的压力转化为创业的推动力，从而培养出越来越多的行业创新者。中国的未来依赖于青年学生，而中华民族精神的持久则依赖于青年学生充沛的创造力和对创新的不断追求。

 小故事

船王的传奇人生

包玉刚先生在 1955 年踏入航运业，当时他仅用重金购入了一艘已有 28 年历史的旧船，命名为"金安号"。这一举动遭到了亲友的强烈反对。然而，包玉刚坚持己见，毅然决然地投身于航运业。他看中了香港在航运方面的巨大潜力。

"香港拥有天然的深水泊位和充足的码头，在动荡不安的年代，香港平静的海面，为国际贸易提供了可靠的大门。第二次世界大战之后，世界经济复苏，各地之间的贸易往来增多。航运是最廉价的一种运输方式，必将大有作为。"包玉刚坚信这一点。

到 1980 年，包玉刚经过 20 多年的苦心经营，已拥有超过 200 条船、2000 万吨运输能力的超级庞大船队，1981 年，包玉刚的船队总吨位达到 2100 万吨，成为"世界船王"。然而，就在此时，包玉刚又做出了令全球惊讶的决定：减船登陆！因为他敏锐地预见到世界性的航运衰退即将到来。于是，他果断地卖掉了相当部分的船只，成功躲过了航运大萧条时期的灾难。

实行"减船登陆"大转移的第一仗，就堪称世界商战史上的经典之作。他以超人的胆魄和霹雳般的手段，斥资 21 亿元，导演了精彩绝伦的"九龙仓"收购战，拉开了在港华人中资挑战英资的历史序幕，可谓气吞山河。

20 世纪 80 年代之前，香港的经济命脉都由英国资本所控制。但在 20 世纪 80 年代初期，以李嘉诚、包玉刚为代表的一批华人豪杰，打击了英资财团的嚣张气焰。

"九龙仓"是香港最大的码头，一直由香港四大财团之一的怡和洋行（英国资本）所控制。包玉刚经营航运 20 余载，深知码头的价值，所以他减船登陆的第一步就选择了"九龙仓"。

包玉刚仅用 80 多天时间就控制了 30%"九龙仓"股票,远远超过怡和洋行的 20%。怡和洋行在大惊失色之后组织反扑。他们在一个周五股市收盘之后,突然宣布将以空前优惠的价格收购"九龙仓"股份至 49%,而此时,包玉刚正在巴黎出差。怡和洋行把包玉刚推到这样的境地:如包玉刚准备反收购,就必须在周六、周日银行休假日内,筹集 20 多亿现金——这在当时那种情形下,几乎是不可能的。

周一上午开盘,香港有史以来最大的一次收购战打响,但不到一小时战斗便结束了。证券商报价 21 亿元,包玉刚当即开出一张 21 亿元的巨额支票。怡和洋行面对包氏雷霆万钧、排山倒海般的收购攻势毫无还手之力。至此,包玉刚持"九龙仓"49%股权,稳获控股地位,一跃成为"九龙仓"首任华人主席。

那么,包玉刚又是如何创造奇迹,在周末两日内筹到 20 多亿现金的呢?包玉刚首先找到汇丰银行老板沈弼,两人的对话十分简短:

"需要我怎么帮你?"

"借我 15 亿现金。"

"OK,没问题。"

包玉刚又联系了九家金融机构,他们都相继地表示全力支持,尤其是香港华美银行,在周一上午展开收购时还给包玉刚送来信函,允诺可为他提供 1 亿美金的贷款,同时无须担保。

有金融常识的人都懂得,银行为保证贷款的安全,几乎无一例外都会要求被贷方提供等值抵押物或相关担保。为何不止一家银行肯为包玉刚打破银行惯例而提供巨额贷款呢?有专家研究认为,包氏主要运用了他的"个人无形资产",即在几十年商海沉浮中建立起来的影响力、经营能力、商业信誉等,这本身又是一件史无前例的"创新"。

包玉刚的事业一步步发展到现在,靠的不是运气,而是他勇于创新、敢想敢为的精神气魄和超然智慧。

包玉刚把个人的事业与国家的发展紧密联系在一起,以不同的方式报效祖国,为国家的发展和进步做出了突出贡献,他曾说:"我生在中国,长在中国,我的根在中国。支持祖国四化建设,我责无旁贷。"我们现在正处于国家繁荣富强、社会和谐稳定的年代,更应该好好珍惜来之不易的学习机会,掌握核心知识和技能,在创业之路上运用所学知识和技能,顺应市场发展大胆创新,求真务实,努力开辟出一片属于自己的新天地,既成就于自己,也回报于社会。

中国,这个历史悠久的国家,以其深厚的文化底蕴和持续的创新精神,在科技领域取得了举世瞩目的成就。在众多关键和前沿技术领域,中国展现了其强大的自主创新实力,领跑全球。下面,让我们一起学习近年来中国自主创新的奇迹。

一、高速铁路:中国速度的象征

高速铁路是一种高速行驶的轨道交通系统,以其快速、舒适、安全的特点,成为现代化交通的标志。中国高速铁路的发展历程令人瞩目，从无到有，从模仿到领先，实现了质的飞跃。截至 2023 年年底，中国高速铁路总运营里程已达 4.5 万千米。中国高速铁路的最高运营速度达到 350 千米/小时，创下世界之最。中国高铁拥有完全的自主知识产权和完整的产业链，中国高铁在智能化、绿色化、标准化等方面也实现了创新。中国高铁无疑是中国自主创新的一个范例。

二、量子通信：安全通信的未来

量子通信是一种基于量子纠缠效应实现信息传递的新型通信方式，能够实现超高速、超大容量、绝对安全的信息传输，是未来通信技术发展的一个重要方向。量子通信以其高效性和安全性，成为当前国际量子物理和信息科学研究的热点。

三、激光制造：领先全球的成就

激光制造技术利用激光束对材料进行加工，以其高精度、高效率、高质量、环保等优势，在航空航天、汽车、模具、医疗器械等领域实现了重大突破和创新。中国科学院上海光学精密机械研究所是中国最早建立的、规模最大的激光研究所，该研究所研发的激光直接制造技术方面处于世界领先地位。据报道，中国在激光成形技术方面至少领先美国 5 年。中国的激光制造技术是中国自主创新的一个亮点。

四、超级钢：全球领先的技术

超级钢是一种采用特殊工艺制造的高性能钢材，具有高强度、良好韧性、耐腐蚀等特性，被广泛应用于航空航天、船舶、模具、汽车等关键工业领域。超级钢的制造过程复杂，需要极高的压力进行轧制，并迅速冷却，控制温度。这种钢材的结构非常精细，仅为 1 微米，是一般钢材的 1/10 至 1/20。中国在超级钢技术方面已处于全球领先地位，生产的超级钢强度高达 2200 兆帕，远超美德日等国的 1100 兆帕，性能提升了 200%。2200 兆帕的强度相当于在拇指指甲盖上支撑了 22 吨的重量。同时，其性能超过钛合金，应用范围更广，成本更低。中国的超级钢技术是中国自主创新的一个奇迹。

五、港珠澳大桥：基建史上的奇迹

截至 2023 年年末，全国公路桥梁 107.93 万座、9528.82 万延米，它们穿越山脉，横跨江河，连接城乡，实现了从"天堑"到"通途"的变迁。在全球最高桥梁的前十名中，有 8 座位于中国，其中最为显著的，便是世界上最长的跨海大桥——港珠澳大桥。港珠澳大桥不仅仅是一座桥，它结合了桥梁和隧道，由四座人工岛、6.7千米的海底隧道和桥梁三部分构成，其使用的钢材量相当于60座埃菲尔铁塔，能够抵御8级地震和16级台风，设计寿命高达120年，被英国《卫报》誉为"新世界七大奇迹"之一，有人评价它是交通工程界的"珠穆朗玛峰"。

大桥在设计上颇具创新，青州航道桥桥塔采用了简洁的"中国结"造型；江海直达船航道桥三座桥塔则为海豚造型；而最靠近珠海市情侣路的九洲航道桥则是风帆造型。港珠澳大桥创造了多项"世界之最"，包括世界上最长的跨海大桥、最大的钢结构桥梁、最长的海底隧道等。

教学活动

活动一　身边人身边事

同学们，发生在你们身边又有哪些传奇的创业故事呢？欢迎大家分享。

活动方式：在教师指导下，请同学们分组讨论。

活动二　创新奇迹知多少

随着我国科技的持续进步和创新科技的蓬勃发展，新的成就不断激发国人的自豪感。这些重要的国家成就不仅提升了我们的民族自尊心，也向世界展示了中国的真实力量。如今，我国在创新领域同样取得了许多令人振奋的成就。虽然大多数人可能对这些创新的具体应用不太了解，但每一项进步都是我国继续前进道路上的坚实步伐。我国在哪些领域有哪些具体创新的奇迹？请同学们思考并回答。

范例：航空航天领域

C919大型客机的成功试飞，让无数国人感到自豪。试飞当天，全国人民都充满了期待，飞机成功着陆后，更是举国欢庆，这标志着我国在民航领域对波音和空客的依赖正在减少。未来，C919不仅会在国内运营，还将在国际上接收订单，中国制造的飞机将出现在全球各地的天空。

模 块 二

尝试职业进阶的创业想法

学习单元一
扫描创业"雷区"

一个真正的企业家，不能只靠胆大妄为东奔西撞，也不可能是在学院的课堂里说教出来的，他必须在市场经济的大潮中摸爬滚打，在风雨的锤炼中长大。

——王均瑶

对于职业院校学生来讲，创业是一个全新的尝试，也是一个新的挑战，大多数学生既没有丰富的社会经验，也没有雄厚的资金支持，更没有完全相同的先例可以套用，一切都在于自己的创新和摸索。

挑战与风险伴随着创业始终，创业者大多是坚忍不拔、激情执着、忙碌勤奋的人。创业过程中如何应对挑战和风险，是每位创业者都要面对和回答的问题。创业者一般都要向成功者学习经验、借鉴经验。事实上，成功的经验有千千万万，但他人的经验不一定适合自己，失败的经验却往往蕴含着很多相通的道理、相似的教训。对我们而言，充分利用这些失败经验，并在实际创业中尽量去规避失败，将对我们的创业有很大的帮助。

因此，创业者必须了解创业"雷区"，才能在创业过程中从容面对大量未知风险带来的各种突发情况。

案例及分析

▶ 案例一

创业前多学法

"没想到我们第一次创业就这样草草结束了，真的是很受打击。"长沙网友小谢，这位初出校门的学生讲述了自己初次创业的坎坷经历。小谢称，他和另外两个合伙人均毕业于湖南商学院（现湖南工商大学），因当前工作不好找，所以决定自己创业。经过一段时间的考察，他们看中了长沙市芙蓉区解放西路某号门面，周围酒吧等娱乐场所比较多，便合计在此开一家烟酒行。过了一段时间，小谢和房东签订了两年的租房合同，租金每月1500元。合同签订后，小谢抓紧时间装修店铺，终于赶在4月底开业。"装修那段时间真的很辛苦，没日没夜地干活，但是我们充满了激情。"小谢说。

不料，烟酒行刚开业不到半个月，街道办事处就张贴拆迁公告，告知商户和居民此处即将拆迁。这份拆迁公告让小谢他们陷入了巨大的恐慌当中。他说："我们的装修费花了3

万多元，这些钱可都是父母的血汗钱。"同时，他们也质疑房东为何在拆迁一个月前把房子租给他们。对此，房东解释他自己也不知道要拆迁。

小谢他们所担心的门面装修费、房租费、经营损失费，究竟应该由谁来承担？某律师对此分析后认为，根据《中华人民共和国合同法》的相关规定，小谢可要求房东返还房租，至于门面装修费、经营损失费，应该由拆迁方来补偿。

这个案例深刻提醒了职业校中那些想创业的学生，缺乏社会阅历是制约他们创业的最大"短板"。因为职业院校学生社会经验不足，考虑问题不周全，所以在创业前应多学习相关法律法规，创业前最好向专业人士咨询，做好充分的调研准备，以免刚起航就触礁。

同学们平时可以通过学校图书馆和网络等渠道，查询创业所涉及的《中华人民共和国民法通则》《中华人民共和国公司法》《中华人民共和国合伙企业法》《中华人民共和国个人独资企业法》等法律法规，了解其基本内容。树立创业的法律和维权意识，增强社会责任感。

▶ **案例二**

开婚庆公司一年赔12万元

小陈和小徐是大学同学，2016年从某学院信息管理专业毕业，毕业后分别在化妆品公司和化工企业工作。2017年10月，两人双双辞职，感觉婚庆是个朝阳行业，于是不顾家人的反对，向家人借款12万元，联手开了一家婚庆公司。然而她们的事业却一直步履维艰，目前尚未收回投资成本，一年下来赔了12万元。

小陈和小徐都是外地人，在成都举目无亲。为了事业起步，她们选择以加盟的方式开店，光加盟费就花了4万元左右。2017年12月，她们承接了第一个婚礼庆典，虽然收了3000多元，但扣除各种费用，最后还赔钱。

小陈和小徐没有放弃，她们在努力用创意和服务赢得客户。成都有两位新人的恋爱经历特别巧合，他们幼儿园就是同学，高中时又在同一所学校，高考前凑巧坐前后桌，这样的缘分使两位新人走到了一起。小陈和小徐借用《向左走，向右走》电影主题为新人设计了一场舞台剧。婚礼的策划和布置令新人和亲朋好友特别满意。

之后，她们又陆续为20多对新人操办了婚礼庆典，每场价格在5000元至2万元不等，但利润极低，扣除各种费用，两人每月收入只有三四千元。相对于当初投资的高额成本，这点钱杯水车薪，远远不能让她们安下心来。婚庆生意为什么不好做呢？

面对记者的提问，小陈说，首先，最主要的是店铺选址太偏僻，店铺"蜗居"在公寓里，宣传没有做好，知名度不够。其次，店铺规模档次"说高不高，说低不低"，而目前成都市婚庆公司大大小小有2000多家，都在打价格战，她们没有优势。另外，请司仪、摄像师、租花车等，需要支付一定的费用，再扣除场地费，剩余的利润很少。再加上公司推广宣传力度不够，使婚庆公司生意惨淡。

小陈和小徐的创业之路告诉我们，创业要承受巨大的市场风险，如果不能够适应市场需求，就会被市场所淘汰，创业的结果必然是失败。真正成功的企业往往抢占了市场的空白商机，有自己的特色，并且有独创性。

创业是不拘泥于当前资源条件的限制，将不同资源加以组合、利用和开发并创造价值的过程。风险与机会同在，并伴随创业的全过程，这是创业活动的固有属性。对创业者而言，除风险外，没有什么是确定的。在创业过程中，创业者必须清晰地了解以下问题：创业需要面对哪些风险？如何有效地识别风险？如何有效地管理风险？

创业，这个梦想背后隐藏着无数挑战和风险。虽然它提供了自我实现和展现才华的平台，但成功的路上充满坎坷。

一、创业的概念

"创业"一词由"创"和"业"两部分组成，在《辞海》中的解释为：开创建立基业、事业。"创"作为动词具有始造的意思，即创建、创立；"业"是指事业的基础，根基。创业有广义和狭义之分。

1. 广义的创业

广义的创业重在创业行动，包括创办新企业、壮大旧企业（事业、实体），对任何企业、事业组织、工程等进行拓展、创新、改造、治理、品质提升等行为，都可以划归到创业范畴，以区别于守业、败业等消极的从业行为。因此，广义的创业涵盖了企业成长过程的任何阶段，即所谓再创业、继续创业、成长型创业、拓展型创业、竞争型创业等。广义的创业与实际的创业情况更加接近，且符合广大创业者对创业科学的认可和关注。

2. 狭义的创业

狭义的创业通常是指创办一个新企业，它包括从筹备到企业稳定成长的全过程。例如，创业者开办个体或家庭的企业，开展相关业务经营活动的过程。目前，职业院校学生所进行的创业就属于狭义范围内的创业，是职业院校学生结合当前经济社会发展状况，根据国家的政策要求，运用所学的创业知识和专业技能，寻找并抓住创业机会，创造出新产品、新服务，实现人生价值的全过程。

二、职业院校学生创业现状分析

据调查，约70%的职业院校学生对创业感兴趣，并有10%的职业院校学生打算创业，但只有5%的职业院校学生参加过创业辅导课程或创业大赛，而真正创业成功的职业院校学生仅有0.5%～1%。职业院校学生自主创业存在着很多的困难与挑战，其主要面临的问题是内在的制约因素和外在的制约因素的影响。

1. 内在的制约因素
(1) 缺乏实际工作经验

职业院校学生由于实践经验不足，不知如何将所学的理论知识与社会实践联系在一起，往往看到投资热点就盲目跟从，而很难考虑到细节的问题，如项目是否适应社会的发展，能否持续生存和发展下去等。同时，职业院校学生对项目所期待的回报值过高，又没有真正考虑风险，因此容易遭受挫折和迷失方向。

(2) 缺乏自信

大部分职业院校学生对创业持悲观态度，没有信心是他们最突出的表现。很多职业院校学生有创业想法，但付诸实践的人却很少。出现这种现象的主要原因是他们的创业意识不成熟，没有足够的信心，不相信自己能完成创业计划。

(3) 社会资源少，行动能力差

大多数想创业的职业院校学生的社会关系较少，其能够得到的社会资源主要来自家庭、朋友和同学，且非常有限；创业的每一个阶段、每一处细节的处理都需要创业者亲力亲为，但很多职业院校学生行动能力差，不能适应创业活动的开展。

2. 外在的制约因素
(1) 创业资金有限

创业的筹备、企业的启动等都需要资金投入。没有资金，再好的创业计划也难以实施。因此，创业者要准备充足的启动资金和流动资金。但是，多数职业院校学生的经济来源主要是父母，而绝大部分家庭能够提供的创业资金很少。同时，在集资方面，职业院校学生也非常欠缺经验，常常导致创业资金不足，这成为困扰职业院校学生创业的重要因素。

(2) 缺乏系统的创业教育指导

目前，职业院校创业教育指导还存在许多不足，很多职业院校学生可能有好的创业想法，但缺少这方面的教育和经验，不知从何做起。仅少数学生凭自己的摸索进行自我学习、自我培养、自我锻炼，这很难使职业院校学生的自主创业水平在整体上有所提高。

以上情况反映出，职业院校学生创业是非常艰难的。一些职业院校学生在选择创业后，却因为这样或那样的问题而放弃创业。但机遇与挑战并存，职业院校学生要在创业过程中学会接受挑战、克服困难，提高自己在市场中的生存能力和适应能力。

三、创业风险的内涵

创业风险是指在创业过程中，由于创业环境的不确定性，创业机会与创业企业的复杂性，创业者、创业团队的能力与实力的有限性，而导致创业活动偏离预期目标的可能性及后果。例如，政策不利变化带来的损失，技术转换失败带来的损失，团队成员分歧带来的损失等。

四、创业风险的分类

人类社会所面临的风险多种多样,不同的风险有着不同的性质和特点,它们形成的过程、发生的条件和对人类造成的损害也是不一样的。在企业中,不同性质和来源的风险相互作用,并由此决定了企业所面临的总体风险,识别企业所面临的总体风险对实现企业的战略目标具有重要的意义。因此,必须对种类繁多的风险按一定的方法进行科学分类,以便对各种风险进行识别、测定和管理。

1. 盲目选择项目

创业者在创业时如果缺乏前期市场调研和论证,只是凭自己的兴趣和想象来决定投资方向,甚至仅凭一时心血来潮选定项目、做出决定,最终一定会碰得头破血流。对创业者而言,市场调研在创业初期是非常必要的一项工作,创业者一定要在了解市场的基础上创业,减少盲目和冲动。一般来说,职业院校学生在创业的起步阶段,资金实力大都较弱,所以选择启动资金不多、人手配备要求不高的项目,从小本经营做起比较适宜。

2. 创业技能缺乏

很多创业者眼高手低,理想大于现实,而当创业计划真正转变为实际操作时,才发现自己根本不具备解决问题的能力,这样的创业往往很难成功。一方面,职业院校学生需要积累相关的企业管理和营销经验,利用节假日去企业打工或实习是积累经验的很好途径;另一方面,积极参加必要的创业培训,积累创业知识、学习创业技能,接受专业指导和训练,提高创业成功率。

3. 资金风险

是否有足够的资金创办企业是创业者遇到的首要问题,资金风险在创业初期会一直伴随创业者。企业创办起来后,就必须考虑是否有足够的资金支持企业的日常运作。对于初创企业者来说,如果连续几个月入不敷出或者由于种种原因导致企业的现金流中断,都会给企业带来极大的威胁。相当多的企业会在创办初期因资金紧缺而严重影响业务的拓展,甚至错失商机而不得不关门停业。

创业者一定要学会广泛开辟和利用融资渠道,为创业计划的实施提供资金支撑,否则创业只能是一纸空谈。自筹资金、银行贷款、民间借贷等都是传统的融资方式,除此之外,还可以充分利用风险投资、创业基金等新型的融资渠道。

4. 社会资源贫乏

企业创建、市场开拓、产品推介等工作都需要调动社会资源,职业院校学生在这方面会感到非常吃力。这就要求创业者要有意识地培养和积聚社会资源,平时尽可能参加各种社会实践活动,扩大自己人际交往的范围。创业前,可以先到相关行业领域工作一段时间,通过这个平台为自己日后的创业积累人脉。

5. 管理风险

一些职业院校学生创业者虽然技术出类拔萃，但理财、营销、沟通、管理方面的能力不足。创业失败，往往是管理方面出了问题，如决策随意、信息不通、理念不清、患得患失、用人不当、忽视创新、急功近利、盲目跟风、意志薄弱等。大多数职业院校学生心思单纯、知识单一、经验不足、对社会了解不深、资金实力和心理素质不足，这都会增加在管理上的风险。

若想创业成功，创业者必须技术、经营两手抓。创业者可以从合伙创业、家庭创业或从虚拟店铺开始，锻炼管理能力，提升创业能力，也可以聘用职业经理人负责企业的日常运作。

6. 竞争风险

商场如战场，竞争是市场经济的核心要素。所以，如何面对竞争是每个企业都要考虑的事情，新创企业更是如此。如果创业者选择的行业是一个竞争非常激烈的领域，那么在创业之初极有可能受到同行的强烈排挤。一些大企业为了把小企业吞并或挤垮，常会采用低价销售的手段。

对于大企业来说，由于规模效益好或实力雄厚，短时间的降价并不会对它造成致命的伤害，而这对初创企业可能意味着有彻底毁灭的危险。因此，考虑好如何应对来自同行的残酷竞争是初创企业生存的必要准备。

7. 团队分歧的风险

现代企业越来越重视团队的力量。创业企业在诞生或成长过程中最主要的力量来源一般是创业团队，一个优秀的创业团队能使创业企业迅速发展。但与此同时，风险也就蕴涵在其中，团队的力量越大，产生的风险也就越大。一旦创业团队的核心成员在某些问题上产生分歧、不能达成一致，就极有可能对企业造成强烈的冲击。

事实上，做好团队的协作并非易事，特别是与股权、利益相关联时，很多初创时很好的伙伴会闹得不欢而散。

8. 缺乏核心竞争力的风险

企业要想不断地发展壮大、持续健康地运行，具有自己的核心竞争力就是最重要的生存秘诀。一个依赖别人的产品或市场来打天下的企业，是永远不会成长为优秀企业的。核心竞争力在创业之初可能不是最重要的，但要谋求长远的发展，这就是关键。没有核心竞争力的企业终究会被淘汰出局。

9. 人力资源流失风险

一些研发、生产或经营性企业需要面向市场，大量的高素质专业人才或业务队伍是这些企业成长的重要基础。防止专业人才及业务骨干流失应当是创业者要注意的问题，在那些依靠某种技术或专利创业的企业中，拥有或掌握关键技术的业务骨干的流失是创业过程中的最主要风险。

10. 意识上的风险

意识上的风险是创业团队内在的风险。风险性较大的意识有投机心理、侥幸心理、试试看心理、过分依赖他人心理、回本心理等。

职业院校学生在创业过程中遇到的阻碍和风险并不仅限于以上几点。机遇与风险并存，在企业发展过程中，随时可能有灭顶之灾。特别是初次涉足商界的创业者，许多人都是小规模尝试，面临资金短缺、抗风险能力弱、创业经验不足等问题。任何小的事故都可能导致他们的事业瞬间崩溃，使多年积累的创业资金付之东流。

创业有风险，从商须谨慎。市场经济条件下，创业总是有风险的，不敢承担风险就难以求得发展。关键是创业者要树立风险意识，在经营活动中尽可能预防风险、降低风险、规避风险。因此，创业者要掌握一些风险规避的常识和技巧，使创业之路走得更顺畅。

案例

沉着造就伟人——巴菲特的创业故事

一位优秀的投资人不一定是钱赚得最多的人，而是那些能够赚相对稳定和安全的钱的人。在商界中敢闯敢拼固然重要，然而选择一个适合自己的位置才是明智之举。巴菲特就是这样的一位成功者，在权衡风险和收益时，他采用一个适当的比例，以从最小的风险中获取最大的利润。

沃伦·巴菲特，1930年8月30日出生于美国，被称为"股神"，他是靠股市暴富的世界第二大富豪，在2008年的福布斯全球富豪榜上，他的财富超过比尔·盖茨，成为世界首富。因为巴菲特的父亲霍华德曾从事证券经纪业务，所以巴菲特从小就受到熏陶，具有投资意识。巴菲特小时候很喜欢《赚1000美元的1000招》一书，他还参照书中的建议，和好友一起实践。五岁时巴菲特就知道在家门口摆地摊兜售口香糖，稍大后他又带领小伙伴到球场捡用过的高尔夫球，然后转手卖掉。

巴菲特在成长过程中不断地学习投资技巧，泡在费城交易所里研究股票走势图和打听内幕。然而，如果巴菲特只是一直研究股票走势图和打听内幕消息，也许现在已经破产，或仍是一名散户而已。可贵的是他没有因为有投资意识而停下学习的脚步，他申请到本杰明·格雷厄姆执教的哥伦比亚大学就读。在哥伦比亚大学的学习过程中，巴菲特获益良多，他开始逐步形成自己的投资体系。1962年，他将几个合伙人企业合并成一家私人投资公司"巴菲特合伙人有限公司"。

在商界打拼的巴菲特总结了一套自己的投资经营理念，并始终坚持着自己的信念，创造出了许多投资神话。其中包括 20 世纪 80 年代巴菲特投资可口可乐 13 亿美元，盈利 70 亿美元；投资政府雇员保险公司 0.45 亿美元，盈利 23 亿美元；投资吉列公司 6 亿美元，盈利 37 亿美元。

1992 年，巴菲特的投资目标进一步扩大，他以每股 74 美元购下了 435 万股美国高技术国防工业公司——通用动力公司的股票。半年后，巴菲特在半年前拥有的约 32200 万美元的股票已值约 49100 万美元。

1994 年底，巴菲特的伯克希尔·哈撒韦公司不再是一家纺纱厂，它已发展成拥有 230 亿美元的庞大的投资金融集团。从 1965 到 1998 年，巴菲特的股票平均每年增值 20.2%。换句话说，谁若选择了巴菲特，谁就坐上了发财的火箭。

2007 年 3 月 1 日，沃伦·巴菲特的投资公司——伯克希尔·哈撒韦公司公布了其 2006 年度财政的业绩。从数据可以看出，伯克希尔公司的利润增长了 29.2%，盈利达 110.2 亿美元（高于 2005 年同期的 85.3 亿美元）；每股盈利 7144 美元（2005 年为 5338 美元）。这组数据让人看后不禁咋舌，是什么样的投资头脑、投资理念使巴菲特如此成功。

2011 年，巴菲特以净资产 500 亿美元位列"福布斯全球富豪排行榜"第三名。

小故事

危机与商机

南宋绍兴十年（公元 1140 年）七月的一天，杭州城最繁华的街市失火，火势迅猛蔓延，数以万计的房屋、商铺置于汪洋火海之中，顷刻化为废墟。

有一位裴姓富商苦心经营了大半生的几间当铺和珠宝店也恰在那条街市中。火势越来越猛，他大半辈子的心血眼看将毁于一旦，但是他并没有让伙计和奴仆冲进火海，舍命抢救珠宝财物，而是不慌不忙地指挥他们迅速撤离，一副听天由命的神态，令众人大惑不解。

然后他不动声色地派人从长江沿岸平价购回大量木材、毛竹、砖瓦、石灰等建筑用材。当这些材料像小山一样堆起来的时候，他又归于沉寂，整天品茶饮酒，逍遥自在，好像失火压根儿与他毫无关系。

大火烧了数十日之后被扑灭了，但是曾经车水马龙的杭州大半个城已是墙倒房塌，一片狼藉。不久朝廷颁旨：重建杭州城，凡经营销售建筑用材者一律免税。于是，杭州城内一时大兴土木，建筑用材供不应求，价格陡涨。裴姓商人趁机抛售建材，获利巨大，其数额远远大于被火灾焚毁的财产。

做生意，少不了有风险，但是也充满机遇和挑战。上面的小故事是风险与商机共存的典型案例，其中蕴含的经营智慧值得我们深思。

教学活动

活动一　创业者心理素质测验题

1. 你在什么条件下，会决定创业？（　　）。

    A. 等有了一定工作经验以后

    B. 等有了一定经济实力以后

    C. 等找到创业投资以后

    D. 现在就创业，尽管自己口袋里没有很多钱

    E. 一边工作一边琢磨，等想法成熟了就创业

2. 你认为创业成功的关键是（　　）。

    A. 资金实力　　　　　　　　B. 好的想法

    C. 优秀团队　　　　　　　　D. 政府资源和社会关系

    E. 专利技术

3. （　　）是创业公司生存的必要因素。

    A. 高度的灵活性　　　　　　B. 严格的成本控制

    C. 可复制性　　　　　　　　D. 可扩展性

    E. 健康的现金流

4. 开始创业后，你做的第一件事情是（　　）。

    A. 找创业投资

    B. 撰写商业计划书

    C. 物色创业伙伴

    D. 着手研发产品

    E. 选择办公地点

5. 创业公司应该（　　）。

    A. 低调埋头苦干

    B. 努力自我宣传

    C. 看情况顺其自然

    D. 借别人的势进行联合推广

6. 招聘员工时最重要的是（　　）。

    A. 学历　　　　　　　　　　B. 朋友推荐

    C. 成本　　　　　　　　　　D. 工作经验

7. 产品进入市场的最佳策略是（　　）。

A. 价格低廉　　　　　　　　B. 广告投入

C. 口碑营销　　　　　　　　D. 品质过硬

8. 和投资人交流最有效的方式是（　　）。

A. 出色的 PPT 演示

B. 详细的商业计划书和财务预测

C. 当场测试样品

D. 有朋友的介绍和引荐

E. 通过财务顾问的代理

9. 选择投资人的关键因素是（　　）。

A. 对方是一个知名投资机构

B. 投资方和团队不设对赌条款

C. 谁估值高就拿谁的钱

D. 谁出钱快就拿谁的钱

E. 只要能融到钱，谁都一样

10. 你认为（　　）是创业投资决策中最重要的因素。

A. 商业模式　　　　　　　　B. 定位

C. 团队　　　　　　　　　　D. 现金流

E. 销售合约

11. 下列语句里可以知道创业投资者其实对你的公司并没有兴趣的是（　　）。

A. "我们有兴趣，但是最近太忙，做不了此项目。"

B. "你们的项目有些为时尚早，我们还要观察一段时间。"

C. "你们如果找到领投的投资者，我们可以考虑跟投一些。"

D. "我们对这个行业不熟悉，不敢投资。"

E. 上面任何一句话

12. 创业团队拥有 51% 的股份就能绝对控制了公司吗？（　　）。

A. 是的　　　　　　　　　　B. 不一定

13. 创业公司 CEO 的首要工作责任是（　　）。

A. 制定公司的远景规划

B. 销售

C. 人性化的管理

D. 领导研发团队

E. 找投资人投钱

14. 凝聚创业团队的最好办法是（　　）。

A．期权　　　　　　　　　　　B．公司文化

C．CEO 的魅力　　　　　　　　D．工资和福利

E．团队的激情

15．创业公司的财务预测中最重要的是（　　）。

A．销售增长　　　　　　　　　B．毛利率

C．成本分析　　　　　　　　　D．资产负债表

16．创业公司的日常运营中，（　　）工作是最重要的。

A．会议记录的及时存档

B．业绩指标的合理安排和及时跟踪

C．团队的经常性培训

D．奖惩制度的设置

E．管理流程的 ISO9000 认证

17．创业公司的日常运营中，最棘手的问题是（　　）。

A．员工的管理

B．销售增长

C．研发的速度

D．资金到位情况

E．扩张力度

18．创业公司产品市场推广效果的衡量标准是（　　）。

A．广告投入量和覆盖面

B．营销推广的精准程度

C．产品出色的品质保证

D．广告投入和产出比例

E．产品价格的打折力度

F．品牌的市场渗透率

19．防止竞争的最有效手段是（　　）。

A．专利

B．产品包装

C．质量检查

D．不断研发新产品

E．比竞争对手更快地占领市场

20．创业公司的第一个大客户是一个富豪，你会（　　）。

A．对他提供你公司的标准服务

B. 指导他如何来积极配合你的工作

C. 保持专业距离，避免因过度依赖单一客户而产生风险

D. 提供全面服务并建立长期合作关系

21. 你认为创业公司中的最大风险是（　　）。

A. 市场的变化

B. 融资的成败

C. 产品研发的速度

D. CEO 的个人能力和素质

E. 决策机制的合理性

22. 当创业公司的财务状况不足以支撑三个月运营时，应该（　　）。

A. 立刻启动股权融资

B. 通知现有公司股东追加投资

C. 立刻大幅削减运营成本，包括裁员

D. 打电话给银行请求贷款

E. 把自己的存折和密码交给公司会计

23. 公司的创始人之间发生矛盾时，你会（　　）。

A. 坚持原则，据理力争

B. 决定离开，另起炉灶

C. 委曲求全，弃异求同

D. 引入新人，控制局势

24. 投资创业公司的理想退出方式是（　　）。

A. 上市　　　　　　　　　B. 被收购

C. 团队回购　　　　　　　D. 高额分红

E. 以上都是

【试卷答案】

1. D；2. C；3. E；4. D；5. B；6. D；7. D；8. C；9. E；10. C；11. E；12. B；13. B；14. B；15. A；16. B；17. A；18. D；19. E；20. D；21. D；22. C；23. C；24. E

（1）如果你的得分是 1~8 分，那么你还不具备创业的基本知识，不要贸然创业；

（2）如果你的得分是 9~16 分，那么你游走在创业的梦想和现实之间，继续打磨打磨吧；

（3）如果你的得分是 17~24 分，那么你已经做好了创业的基本准备，大胆创业吧！

活动二　你能承担多大风险

测试一：

1. 你是否接受入不敷出？
2. 在压力之下，你是否依然能够表现出色？
3. 你的性格是否乐观，且不易过度忧虑？
4. 购买股票和把钱存进银行，你是否会选择前者？
5. 对于自己的决定你是否从来都很有信心？
6. 相比于通过投资机构，你是否更喜欢自己投资？
7. 在意外损失出现时，你是否能控制住自己的情绪？

测试二：

1. 你的收入是否能满足家庭基本需求？
2. 你购买了人寿保险和健康保险吗？
3. 如果你突然失业或者丧失了主要经济来源，那么你的积蓄是否足够你生活半年？
4. 你是否背负着沉重的财务负担？

解析：

测试一，如果你的答案超过5个"是"，说明你属于激进型的人，如果经营得当，你将成为非凡的商界成功者。不过，这个测试只能告诉你自己属于哪一类型的人，要成为真正合格的商人，最关键的因素还是在于自己对于风险的承受能力。

测试二，如果你的测试答案全部为"是"，那就说明你是一个抵抗风险能力极强的人。假若你的性格也是激进型的，可以说你能发现风险背后的商机。相反，倘若你的答案大部分都为"否"，而你又是一个激进型的人，那么创业对于你而言，可能需要慎重考虑一下。

活动三　创业的风险管理测试

（一）测评内容

单项选择：

1. 企业对其产品或服务的市场需求不确定，导致创业失败的风险称为（　　）。
   A. 资源风险　　　B. 资金风险　　　C. 技能风险　　　D. 市场风险
2. 职业院校学生在创业过程中，由于市场的需求变化、价格变化等原因，给创业带来的不确定性或利益损失的风险是（　　）。
   A. 市场风险　　　B. 团队风险　　　C. 技能风险　　　D. 资金风险
3. 职业院校学生在创业时面临的第一风险是（　　）。
   A. 市场风险　　　B. 技能风险　　　C. 资金风险　　　D. 团队风险
4. 风险管理的第一步是（　　）。

A．风险规避 B．风险识别
C．风险接受 D．风险评估

5．（　　）不是职业院校学生创业遭遇的主要困难。
   A．资金问题 B．经验不足
   C．技术限制 D．热情不够

6．职业院校学生在创业经营过程中，因缺乏创业知识和能力而导致创业失败的风险称为（　　）。
   A．能力风险 B．法律风险
   C．技能风险 D．知识风险

7．新创企业在成长阶段最大的风险来自（　　）。
   A．管理风险 B．技术风险
   C．市场风险 D．法律风险

8．"订立合同之前，由于对当事人的资信状况、缔约能力缺乏必要的调查而导致合同无效或不能履行"属于（　　）。
   A．内部治理法律风险 B．商事交易中面临的法律风险
   C．人事管理制度法律风险 D．工商、税务等事务管理法律风险

9．选择好创业伙伴是（　　）阶段风险的防范措施。
   A．创业起步 B．企业成熟
   C．企业成长 D．创业启动

10．（　　）是风险管理的基点。
   A．风险识别 B．风险评估
   C．风险应对 D．风险规避

11．下列不属于风险应对方法的是（　　）。
   A．风险评估 B．风险规避
   C．风险转移 D．风险接受

12．下列不属于市场风险的是（　　）。
   A．产品成本上升 B．经济衰退
   C．高利率 D．战争

13．下列属于成长阶段新创企业风险来源的是（　　）。
   A．创意或创业计划的内容被泄露 B．缺乏市场
   C．盲目冒进 D．管理混乱

14．在风险识别的基础上，通过对所收集的资料进行分析，运用定性与定量的方法，估计和预测风险发生的概率和损失程度的过程，这是（　　）。

A．风险应对　　　　　　　　　　B．风险识别
C．风险评估　　　　　　　　　　D．风险转移

15．在创业过程中，改变项目计划来消除特定风险事件的威胁是指（　　）。
A．风险接受　　　　　　　　　　B．风险转移
C．风险减轻　　　　　　　　　　D．风险规避

16．对市场环境和竞争对手缺乏了解是（　　）阶段的风险来源。
A．企业成长　　　　　　　　　　B．企业成熟
C．创业起步　　　　　　　　　　D．创业启动

17．在风险转移或风险减轻不可行时，可采用的风险应对办法是（　　）。
A．风险规避　　　　　　　　　　B．风险接受
C．风险转移　　　　　　　　　　D．风险减轻

18．由于创业而放弃了原有的职业所面临的风险成为（　　）。
A．机会风险　　　　　　　　　　B．选择风险
C．职业风险　　　　　　　　　　D．市场风险

不定项选择：

19．企业的创新包括（　　）。
A．创造出原产品的新功能或新服务
B．创造出新的客户
C．创造出新的产品
D．创造出新的市场

20．职业院校学生创业的融资渠道有（　　）。
A．银行贷款　　　　　　　　　　B．民间借贷
C．创业资金　　　　　　　　　　D．自筹资金

21．为了做好充分的创业准备，需要（　　）。
A．模拟创业，提高创业成功率　　B．打工实习，积累经验
C．参加创业培训，积累创业知识　D．了解相关法律，关注政策信息

22．按照创业风险的内容划分，职业院校学生创业风险的种类有（　　）。
A．资金风险　　　　　　　　　　B．资源风险
C．技能风险　　　　　　　　　　D．管理风险

23．创业启动阶段的风险来源主要有（　　）。
A．创意或创业计划的内容被泄露　B．选址不当
C．孤军奋战　　　　　　　　　　D．资源不足

24．职业院校学生创业过程中风险应对的方法主要有（　　）。
A．风险减轻　　　　　　　　　　B．风险接受
C．风险转移　　　　　　　　　　D．风险规避

25. 职业院校的学生创业者需要了解和把握市场，这包括（　　）。
　　A．市场规模　　　　　　　　B．市场结构
　　C．产品质量　　　　　　　　D．市场定位

（二）测评方式

以上各题，单项选择只有一个正确答案；不定项选择至少有一个正确选项。

（三）测评标准

1~5：DACBD；6~10：CCCDA；11~15：AABCD；16~18：CBA；19．ACD；20．ABCD；21．ABCD；22．ABCD；23．ABD；24．ABCD；25．ABD

学习单元二
识别创业机遇

人的一生总会面临很多机遇，但机遇是有代价的，有没有勇气迈出第一步，往往是人生的分水岭。

——丁磊

当经济前景不容乐观，就业市场不稳定，工厂倒闭，失业率上升时，我们可能会感到焦虑、无望和困惑。然而，正是在这些逆境中，我们有机会展现出真正的力量，发现新的机会，并走上成功之路。

案例及分析

案例

工作仅3年，梁晓童已升至凯悦酒店西点领班。虽然辛苦，可她却乐在其中。3年前，梁晓童从杭州中策职业学校毕业，学习的是烹饪专业中西点心方向。

做一款蛋糕，费时费力。原料配比、颜色搭配、味道搭配、装饰物放置，都有讲究。没有积累，难以驾驭。而积累，功在平时，需要做一个有心人。

"实习时，师傅会演示一遍，告诉你怎么做，每个步骤怎么样。但他不会有太多时间教你。"梁晓童总会随身带一个本子，记下师傅说的每一句话。

这个本子里，还记下了梁晓童自己的心得。在一遍遍做西点时，总有惊喜，会忽然发现某个搭配更好。她还有个习惯，看别人怎么做，也会有启发。

也许，在外界看来，3年升至领班，十分顺利。但其实，梁晓童也吃过苦。但无论多辛苦，只要听到客人称赞"好吃"，她就满血复活。"去年，一位外国客人吃了原味芝士蛋糕后，说这是她吃过的最好吃的蛋糕。"她兴奋地回忆。

拥有一家自己的店，是梁晓童为自己未来所做的打算。

点评：中等职业学校的学生后续竞争力在哪方面体现？对于中等职业学校的学生来说，高就业率是否意味着可能存在后劲不足？

"管理岗位，大多是从一线的工作人员中选拔的。"杭州市开元商贸职业学校原副校长王黎明说。

为什么从一线选拔呢？工作经验的积累和对操作流程的熟练掌握，都是关键因素。

不少商贸单位已进入连锁式经营阶段，为工作两三年的中职学生提供了契机。近几年，银泰百货在杭州不断开设新店，还向其他城市扩张。这时，他们需要大量的管理和服务人员。

工作经验的积累有个重要前提——明确未来方向。"实习期，学生会进行2~3个月轮岗。这期间，学生要明确自己未来的发展方向，是做点心、冷菜还是其他。"杭州市中策职业学校烹饪部部长说。

工作后，中等职业学校学生有两个发展方向：转至管理岗位，或是继续技术发展。学历的缺陷，可以读成人专科来弥补。技能是中等职业学校学生的优势。凯悦酒店和雷迪森酒店的行政总厨，均毕业于杭州市中等职业学校。"在银泰百货集团，有70%的楼层主管（相当于中层领导），是我们的毕业生。"杭州市开元商贸职业学校原副校长邬向群说。

小故事

养龟成"金陵龟王"

尹向东被熟悉的人称为"金陵龟王"，他1993年大学毕业后被分配在南京某房产部门工作。他一心追求不平凡的生活，自1995年起他就琢磨自己创业，把目光定在农村养殖业上，先后种植过天麻，养殖过蝎子，但因缺乏技术均告失败。

父亲从上海买了几只小甲鱼给他养，不到两个月小甲鱼都死了。他就去南京乌龙潭公园的龟鳖馆观察学习，并由此激发了对龟鳖的兴趣，也认定了该行业未来的发展潜力。尹向东在家用保温板围出3平方米的温室，买来10多个品种近百只乌龟，除了每天实际观察，还从书本上获取理论知识。一次，他偶然获得一种从南美洲引进的"鳄龟"，该龟全身肉乎乎的，出肉率达89%，经过两年饲养，从当初重约0.1千克的鳄龟长到4千克以上。尹向东预感到它的商业价值极高，他把家里三室一厅都改建成了鳄龟馆，并连续在各类水产杂志上发表文章，获得志同道合者的赞赏。

为了发展鳄龟事业，经友人介绍，他与一位宜兴姑娘结婚，在宜兴安了家，拥有了自己的养殖基地。尹向东的养殖业并非一帆风顺。有一位与他合作的村民，也养了新品种鳄龟。养了6年的鳄龟仅约5千克重,不到预期的一半,这位村民欲退出合作。尹向东二话没说,按市场价全部买下来。鳄龟买来后他精心饲养,3年后鳄龟最重的近25千克,且有龟产下受精蛋,这消息轰动了当地市场。为了解鳄龟习性,他日夜蹲在池水边观察。过年了,龟也钻入水底冬眠了,尹向东却没闲着,他独自在池边为龟们建了一个新产卵场。江苏省常州市金坛区农业农村局向他抛出了绣球:请他带着鳄龟到茅山脚下的生态园安家。如今,创业成功的尹向东表示,他可以为合作者提供创业机会,也可以为打工者提供大量就业岗位。

14年专注于一项事业不寻常。创业者选择项目的根据之一是自己的兴趣爱好。有爱好才能全身心付出,才会专注执着,才会出成果。尹向东成为"金陵龟王"的事迹启示我们,对自己喜欢的事不要轻易放弃,因为创业的最高境界就是做自己喜欢的事。

一、了解创业机遇

创业机遇指能为经济活动引入新产品、新服务、新材料、新市场或新组织方式,具有较强吸引力的、较为持久的有利于创业的商业机会。创业者据此可以为客户提供有价值的产品或服务,同时使创业者自身获益。

1. 创业机遇的类型

机遇(机会)是具有时效性的有利情况,是未明确的市场需求或未充分使用的资源或能力。创业机遇是预期能够产生价值的清晰的"目的——手段"组合。

类型	内涵	分类依据
问题型机会	由现实中存在的未被解决的问题所产生的一类机会	创业机会的来源
趋势型机会	在变化中看到未来的发展方向。预测到将来的潜力和机会	
组合型机会	将现有的两项以上的技术、产品、服务等因素组合起来,以实现新的用途和价值而获得的创业机会	
复制型机会	创业机会是基于对现有手段的模仿性创新	"目的——手段"关系的手段方式
改进型机会	创业机会是基于对现有手段的渐进性创新	
突破型机会	创业机会是基于对现有手段的开创性创新	
识别型机会	市场中的"目的——手段"关系十分明显时,创业者可通过"目的——手段"关系的连接来识别机会	目的与手段关系明确程度
发现型机会	目的或手段任意一方的状况未知,等待创业者进行机会发掘	
创造型机会	目的和手段皆不明朗,因此创业者要比他人更具先见之明,才能创造出有价值的市场机会	

2. 创新机遇的来源

创业是很多人所期待的一件事情,但是创业应该从何开始,这就需要寻找创业机遇,有了好的创业机遇，才会有好的发展，那么创业机遇的来源是什么？

（1）问题

创业的基本目的是满足消费者需求，而这些需求在没有满足的时候就成了问题。所以，寻找创业机遇的一个重要方法是善于发现自己和他人的需求中存在的问题。

（2）变化

创业机遇一般产生于不断变化的市场环境，环境变化了，市场需求、市场结构随之发生变化。所以，这种变化主要来自产业结构的变动、消费结构升级、城市化加速等，同时蕴含着创业机遇。

（3）创造发明

创造发明不仅提供新产品、新服务，而且更好地满足消费者需求，所以也带来了创业机遇。如电脑的发明，电脑维修、软件开发、电脑培训、图文制作、信息服务、网上开店等创业机遇随之而来。即使我们不创造新产品，也可以通过销售和推广这些新产品来把握商机。

（4）竞争

如果可以弥补竞争对手的缺陷和不足，这也将成为不错的创业机遇。观察周边的企业，如果可以抢先占有市场，也许就把握了创业机遇。

（5）新知识、新技术的产生

随着健康知识的普及和技术的不断进步，健康领域催生了许多创业机遇。

（6）市场需求

市场中那些远大于供给的需求问题，正是最好的创业机遇，这虽是蓝海，但很快会变成红海。创业机遇最直接也最明显的来源是市场需求，这是人人皆知的道理。

（7）现状问题

生活中当前存在且尚未被解决的问题，也是创业机遇，创业方向可以是有规划地解决这些问题。

有了创业机遇，在后续的创业中才会有好的方向，所以要更好地把握创业机遇，做好充分的创业准备。

二、了解创业机遇识别

1. 创业机遇识别

创业机遇识别指依据一定的标准和方法，从大量创意当中挑选出具有消费者需求的创意，是从市场角度对创意的评估，体现创业机遇的有用性。

创业机遇识别是一个创造过程，是持续的创造性思维过程，是创业者与外部环境（机遇来源）互动的过程。

2. 创业机遇识别的影响因素与过程

创业机遇是一种满足有效需要的可能性,它可以视为市场需求和企业家精神的一个交集,是企业家所能识别的有效需求。作为创业活动的起点,识别好的创业机遇能够从根本上促进创业活动的发展。

创业机遇(机会)的影响因素可以分为先前经验、认知经验、社会关系网络、创造性四种因素。

创业机遇(机会)识别的过程如下。

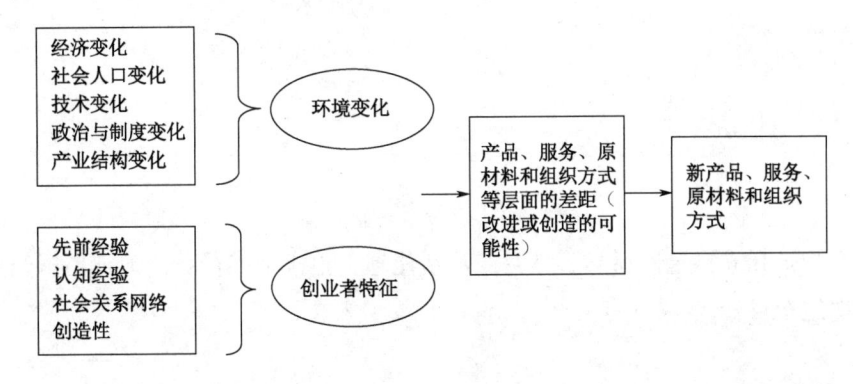

```
经济变化
社会人口变化
技术变化          →  环境变化  ┐
政治与制度变化                   │
产业结构变化                     │→  产品、服务、原  →  新产品、服务、
                                │    材料和组织方式      原材料和组织
先前经验                         │    等层面的差距(      方式
认知经验         →  创业者特征 ┘   改进或创造的可
社会关系网络                         能性)
创造性
```

三、掌握识别创业机遇的方法

识别创业机遇的方法如下。

1. 新眼光调查	通过与顾客、供应商、销售商交流开展初级调查,了解目前状况和市场未来需求;利用互联网等渠道搜索相关数据和信息进行二级调查;最后总结众多的想法和对信息的验证来识别创业机遇
2. 系统分析	借助市场调研的方式,从企业的宏观环境(政治、社会、法律、技术、人口等)与微观环境(细分市场、顾客、竞争对手、供应商等)的变化中寻找新的顾客需求、新的创业机遇
3. 问题分析	先找出个人或组织的需要及面临的问题,然后可以使用七步分析法(即定义问题、分解问题、问题排序、分析问题、关键问题、归纳问题、交流沟通)进行问题分析,找到解决问题的方案
4. 顾客分析	要求消费者提出他们使用某种产品时所遇到的问题,然后对这些问题的主要特性、解决办法、改进成本等进行评估,据此选定值得开发的构思
5. 创造需求	它可能始于明确拟满足的市场需求,从而积极探索相应的新技术和新知识,也可能始于一项新技术发明,进而积极探索新技术的商业价值

教学活动

开展创业实践

广西壮族自治区百色市素有"天然温室"的美誉,这片温暖湿润的红色圣地,不仅孕育过革命的火种,更养育出色泽鲜亮、皮薄汁盈、口感清甜的圣女果。勤劳的村民们,利用冬闲水稻田种植圣女果,一块地赚两份钱。近年来,随着电商平台不断发展,加之物流

体系的完善，城乡年货大采买已从过去线下的零散模式，转变为线上一站购齐。不少原本在外打工的年轻人正逐渐回流家乡，不少人回到农村做电商，自己在家创业。对于创业者来说，返乡创业既可以带动乡亲提高收入，为乡村振兴贡献力量，又可以实现自己的创业梦想。

（1）请利用从背景材料中获得的启示，思考如何识别返乡创业机会。

（2）请根据自身条件及家乡的实际情况，识别出返乡创业机会。

学习单元三
凝练创业愿景

> 一个人应该树立自己的目标，然后竭尽所能地去追求他的目标。通过不懈的努力，他可能会实现这个目标。
>
> ——华特·迪士尼

21世纪的知识经济给社会带来了巨大变革，尤其是知识产业化、信息产业化的迅速发展，既给我们带来严峻的挑战，又给我们提供了发展的机遇。

大多有成就的人，无不经过艰苦创业。创业的过程也是锻炼的过程，同时也是不断学习提高、不断发展的过程。通过创业，可以使自己的事业得到发展，实现自身价值的最大化，可以激活人才资源和科技资源，使得许多新创意、新科技、新发明、新专利迅速转化为现实的产品，实现对社会贡献的最大化。

青年是祖国的前途、民族的希望、创新的未来。青年一代有理想、有本领、有担当，科技就有前途，创新就有希望。作为一名职业院校学生，要培养自己的创业意识，树立创业愿景并以此作为自己行动的驱动力，创造能给自己及职业生涯里的所有人都带来惊喜和愉悦的华丽人生。

案例及分析

▶ 案例一

让人人拥有一台好用的电脑——乔布斯的创业愿景

1979年夏天，乔布斯开始为快速发展的苹果公司募集外部投资，当时总共有16家美国知名风投公司以每股10.5美元购买了苹果公司的股份。这个名单包括了大名鼎鼎的施乐公司。当施乐公司投资经理问乔布斯想做什么时，乔布斯这样回答说："我要改变世界。你们知道吗？在我19岁的时候，我曾经到印度朝圣。在那里，我看到那么多穷人还在使用几个世纪前的原始工具辛勤劳作，那时，我就告诉自己说，人们需要一种更高效的工具。工具革新是改变人们生活的最重要手段！在美国，无论是家庭还是办公室，人人都需要计算机。但以前的计算机要么太大太贵，要么太难用。苹果可以帮助人们实现这个梦想，让人人拥有一台好用的电脑！"

1979年底，在施乐公司的帕洛阿尔托研究中心，乔布斯发现了一套名为Alto的个人电脑，与Apple II相比，这台电脑简直就是一个全新的梦境。Alto使用了施乐发明、外界无人知晓的图形用户界面技术。他一下子惊呆了，这电脑完全是外星科技！电脑居然可以这样操作！而且，这台电脑居然在1973年就已经问世了，比Apple I还早了3年。乔布斯和沃兹在人机界面设计上的不断创新，与这个"养在深闺人未识"的小家伙比起来，简直就是天壤之别！于是，在1984年苹果公司的第一台世界知名个人电脑麦金塔计算机（Macintosh）上，开始了图形用户界面在个人电脑中的广泛应用。

在"施乐圣地"，很多人都见过Alto的图形用户界面，但只有乔布斯对它有不同的理解，认为这项技术是计算机未来的发展方向。现在，人人都能拥有一台好用的电脑，电脑改变了我们的生活，乔布斯实现了自己的创业愿景。

乔布斯一生的每一步都迈在信息产业革命领域的最前端，掀起一场场产业界技术与创意运用的新风暴。

除了非凡的勇气，乔布斯身上有两点值得当代职业院校学生借鉴和思考。一是他敏锐地发现人们都需要电脑，但是当时的电脑太大、太贵、太难用，并决心改变这一现状，确立了创业愿景"让人人拥有一台好用的电脑"；二是乔布斯的创新并不在于他研发了最新、最高、最尖端的技术，而是他把实验室少数人使用的技术或者风马牛不相及的技术用到自己的产品上。苹果创造出紧贴客户需求，并能为客户使用带来完美体验的产品，从而赢得巨大的商业成功。乔布斯的创新之路是知识经济时代典型的创新体系，它以丰富的理论和实践经验，对毕业生创新创业有着极大的启示。

▶ 案例二

成己达人

邹亮在大四时就开启了自己的创业之路，与几名同学共同开了一家果蔬超市。在创业之初，邹亮以"成己达人"作为创业的愿景，也是自己创业的初心，即通过创业为同校的学生提供兼职的机会。假如创业有成，还可以给同学一个共同创业的合作机会。

在这一愿景的引导下，邹亮十分重视对同学的帮扶，当果蔬超市发展得越来越成熟时，邹亮与有意向的兼职同学协商，将其变成了自己创业的合伙人，同学也在其帮助下成立了果蔬超市的分店。经过几年的发展，邹亮的果蔬超市越做越大，分店也有了三四家。

很多创业者在创业的过程中，都会确定一个愿景，即为什么要创业、创业为了实现什么。愿景的明确对创业者来说也是十分重要的。创业者需要通过明确愿景确定创业的价值定位，这也是创业者科学决策的基础。

一、创业愿景的内涵

创业愿景是指创业者由于个体内在或外在的需要，而在创业时所表现出来的目标或者动机。创业愿景常常决定着创业者的行业选择、目标定位等具体取向，源于个体的心智与教育成长环境，是个体在综合自我、环境、价值、目标、期望等诸多因素之后所形成的内在的、个人的初始动力，是创业的开始和最基本的驱动力。

企业愿景是指企业长期发展的方向、目标、理想、愿望，以及企业自我设定的社会责任和义务；是企业组织发展的蓝图，体现组织永恒的追求；是对"我们代表什么""我们希望成为怎样的企业"的持久性回答和承诺。"怎样的企业"的描述主要从企业对社会的影响力，在市场或行业的排位，与客户、股东、员工、社会等利益相关者的关系来表述。例如，麦当劳的企业愿景是"成为世界上服务最快、最好的餐厅"，福特汽车公司成立时的企业愿景是"让每个美国人都能拥有汽车"。

企业愿景包括了两个方面：核心信仰和未来前景，核心信仰再分为核心价值观和核心使命。

企业愿景实质属于企业战略。如果企业想有一个长远发展，就需要有一个长远的规划，虽然创业有可能是从一个小项目或者小企业开始，但是一定要志存高远。创办企业一定要有战略眼光和发展创新的理念，包括企业的价值观、使命、信念、行为准则或者公司宗旨、基本经验等。做好企业定位，确定企业"是什么""干什么"，包括目标顾客定位、业务范围定位、行业定位、价值链定位和市场区域定位。同时做好战略目标，包括市场目标、商品目标、组织构建目标、企业规模及设备投资目标、绩效目标等。明确企业的发展模式；明确市场如何逐步扩大，业务发展路径是什么；明确企业竞争策略，构建企业核心竞争力；明确企业是否具备某种优势，这种优势是竞争对手无法短期内模仿，而且对企业获取有利竞争地位起到决定性的作用，如具备什么技术、模式、专利、品牌，或可以设置进入障碍等；明确企业如何获得和维持这种优势。

案例

中国指甲钳大王梁伯强针对企业愿景做出了经验之谈。从他进入指甲钳市场之前的自费全球调研，立志成为世界指甲钳冠军；到重金聘请业内技术精英，设立高标准的测检中心和研发中心，搜罗大量国内、国际技术参数，找准目标竞争对手，经过细心分析、逐项对比，把实质性的差距逐个攻破；到主动出击，勇于与竞争对手短兵相接，把丰厚的利益留给经销商；再到通过软性封杀，誓死维护行业领导地位，努力争夺行业第一品牌，创立中国指甲钳研发制造中心，制定行业标准，占领行业的制高点，提高竞争门槛，不断为企业建立防火墙，不惜一切维护行业领先地位。梁伯强具备如此强烈的征服世界的野心，这种野心是善意的雄心壮志，是"我想成为什么，所以我能成为什么"的最佳诠释。

二、愿景的驱动因素

按照马斯洛的需求层次理论，现实中创业者的愿景驱动因素可分为以下五类。

生理需要：有的人创业是为了不依赖他人，独立地生存。

安全需要：有的人创业是为了拥有永远不会失去的安全感。

归属和爱的需要：有的人可以放弃维持生计的工作，创业是为了拥有更宽广的发展空间和人脉。

尊重需要：有的人放弃高薪工作而去创业，是为了过一种更加受人尊重的生活，用自己的能力去打拼属于自己的商业王国。

自我实现需要：有的人干脆在创业成功的时候卖掉自己的企业，转而从事咨询、公益、慈善等工作，这也是一种体现自身价值的生活方式。

案例

为了妈妈和妹妹可以到福州生活

钱金龙是福建省三明市的一位创业青年，他的职业生涯是从在肯德基打工开始的。他在肯德基从底层的员工做到执行店长，用了两年的时间。这时，他觉得可以开创自己的事业了。

2010年，YBC（中国青年创业国际计划）导师南巡时，为了给钱金龙的"超人家族"连锁店进行企业诊断，利用业余时间来到他的店里，了解其经营情况。钱金龙提出了一个愿望，他说："我是一个单亲家庭的孩子，我创业的最大愿望就是让我妈妈和妹妹可以到福州生活，希望我的店开到福州去"。

"到福州去开店"成了钱金龙最大的愿景，这时虽然他已经在三明市的几个镇上开了7家连锁店，但他继续努力，研发出"潜艇堡"并注册了自己的品牌。

2011年，在福建省YBC导师的帮助下，面积为400平方米的"潜艇堡"旗舰店终于在福州开张了！

可见，钱金龙的创业行为就是受到要改变命运、改变生活状况的动机所驱动，加上要承担起"要为妈妈和妹妹创造美好生活"的责任感,他才克服了重重困难,将事业越做越大。

三、凝练创业愿景注意事项

创业不仅是职业院校学生就业的重要形式,也是职业生涯发展过程中一次质的飞跃,它能使个人得到发展,实现自身人生价值。因此,职业院校学生要树立创业愿景,勇于创业。

(一)明确创业愿景

古希腊哲学家亚里士多德认为:人是一种为目的而生存的生物,所有的人类活动在某种程度上都是有目的的。

小故事

成为顶尖的3%中的一员

马克·麦考马克在他的《哈佛学不到的经营策略》一书中提到了哈佛大学在1979—1989年间开展的一项研究。1979年,哈佛MBA的毕业生被问及这样的问题:"你是否有明确的愿景并把它写下来了?你是否已经制订好了计划来实现它?"结果,只有3%的毕业生做到了;13%的人有愿景却没写下来;其余84%的人除了打算离开学校以后好好度过暑假,什么愿景也没有。

十年以后,也就是1989年,研究人员又找到了当年那批毕业生。他们发现,当初那13%的确定了愿景、但是没写下来的毕业生赚的钱,是那些没有愿景的人的两倍。而最惊人的是,当初那些愿景明确并写了下来的3%的毕业生,他们挣的钱平均是其余97%的人的十倍。这些毕业生之间最大的区别是,其中3%的人在毕业时目标明确。

(二)创业愿景不能太多

小故事

楚王射猎

有一次,楚王到云梦沼泽地打猎。他让负责狩猎的官吏把鸟兽全部驱赶出来并用箭射它们。鸟在天空中飞,鹿出现在楚王的右面,麋鹿在楚王的左边奔跑。楚王想要拉弓射它们,又有一只天鹅掠过,楚王把箭停在弓上,不知射哪个。养由基进言说:"我射箭,放一片叶子在几百步之外,射十次,十次都中;若放十片叶子在前面,能不能射中不是我能肯定的。"楚王说:"为什么会这样?"养由基说:"是不专心(的缘故)。"

这则寓言告诉我们，目标太多，精力便不能集中，结果会一无所获。做事不能三心二意，要选定目标，踏踏实实地做，否则将一事无成。同样，愿景太多，也会一事无成。

因此，在人生或创业过程中如果愿景不清晰，过于宏大或者复杂，就会像"楚王射猎"一样迷失方向，难有收获。

（三）愿景不能狭隘

小故事

马和驴

传说，有一头马和一头驴子，它们是好朋友。马被玄奘选中，前往印度取经。后来，马驮着佛经回到长安，它到磨坊会见朋友驴子。马谈起这次旅途的经历：浩瀚无边的沙漠、高耸入云的山峰、炽热的火山、奇幻的波澜……奇妙的经历，让驴子听了大为惊异。

驴子感叹道："你有多么丰富的见闻呀！那么遥远的路途，我连想都不敢想。"

马说："其实，我们跨过的距离大体是相同的，当我向印度前进的时候，你也一刻没有停步。不同的是，我同玄奘大师有一个愿景，就是去西天取经，我们按照始终如一的方向前行，所以我们走进了一个广阔的世界。而你被蒙住了眼睛，一直围着磨盘打转，所以才没有什么见闻。"

马和驴子最大的差别就在于愿景的不同，最终导致了不同的结果。这则寓言告诉我们：有愿景不等于有好愿景，狭隘的愿景不能带给我们成功和幸福，带来的只能是徒劳和不幸。

（四）找到适合自己的路

按照"木桶原理"的规则：一个人的能力大小、素质高低，固然是由他人生中最短的那块木板所决定，但是，人生到底是平庸还是杰出，却是由最长的那块木板来决定的。

小故事

适合自己的才是最好的

20世纪90年代是计算机信息技术发展迅猛的时代，当时人们一致认为，未来是信息的时代，只要掌握了出色的IT技术，便可以让自己变得出类拔萃。于是，许多青年人盲目地冲向了自己的IT梦想，丧失了宝贵的时间与精力，更失去了许多可以在其他领域中成功的机会。

珀西就生长在那个时代，他从小喜欢画画，而且梦想着将来成为一位知名的艺术家。但是，在电脑成为时尚的几年里，他在家人的建议下，放下了手中的画笔，如火如荼地投

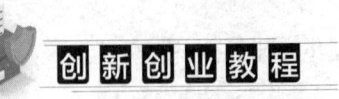

入到电脑的学习中。在长达两年的电脑学习中，珀西在电脑方面的技术并没有变得出色，相反，他始终不明白，难道IT产业日后真的会将其他产业取而代之吗？在矛盾的思想中纠结了两年的珀西不仅没有获得IT界新秀的殊荣，反而由于没有时间练习绘画，使自己原本出色的画技大大退步。

后来，事实向人们证明，当时那种IT时尚与热情被无限度地夸大了，并不是每一个人都有机会成为比尔·盖茨的，珀西心中的困惑也随之变得明朗与清晰，就算未来真的是信息主导一切的时代，但艺术与其他领域并不会因此而消失。于是，他重新执起画笔，开始了自己的历练之路。在他看来，那两年的电脑学习的确对自己的人生有所帮助，但若将最有激情与梦想的两年时间用在艺术创作上，也许自己可以获得更大的进步。

了解自己的真实情况是人生定位的前提，尽管一个人可以通过充电来提高自己的素质，但很多方面是没有办法改变的，如个性、风格等。

四、培养创业愿景

（一）树立远大理想，坚定报国信念

坚持用科学的理论武装头脑，树立正确的人生观、价值观和世界观，坚定为实现中华民族的共同理想、为祖国的现代化建设奉献自己的智慧和力量的决心。

（二）不畏艰难，敢于拼搏

培养强烈的事业心和责任感，刻苦钻研，勤奋工作，努力学习，牢固掌握专业知识及技能；树立高标准、严要求，不怕困难，百折不挠，勇于创新，敢于创业，要有不畏艰难、敢于拼搏的精神，正确对待创业过程中的困难与挫折。

（三）培养脚踏实地的工作作风

在日常工作与学习中，要坚持解放思想与实事求是相统一，既要敢想敢干，又要求真务实；积极参与各种创业与创新活动，在实践中增强自身的创业能力。

（四）积极投身社会实践，养成善于观察、勤于思考的良好习惯

在实践中锻炼和完善自己，进一步了解社会、完善自我。通过对事物的观察和思考，培养独立思考和独立解决问题的能力，激发创业需要，树立创业理想，坚定创业信念。

（五）坚定信念，积极进取

创业活动过程会遇到很多困难，如果没有坚定的创业信念，仍抱着随遇而安的安逸思想，是不可能创业成功并成就一番事业的。一旦确立了要创业的决定，就要坚定信念，积极进取，不安于现状，随时准备将创业愿景转变为创业实践。

小故事

牛根生的创业愿景

记者：我最近对民营企业家的创业愿景很感兴趣，中国的民营企业家当时为什么创业？现在为什么继续为企业努力奋斗？

牛根生：在伊利，我的收入最多的时候拿到100万，所有的生存需要、发展需要都足够。我们跟领导讲我们当地情况的时候，讲了这样一个民谣："一家一户一头牛，老婆孩子热炕头；一家一户两头牛，生活吃穿不用愁；一家一户三头牛，三年五年盖洋楼；一家一户一群牛，比牛根生还要牛。"之所以还要做企业，是因为我们背后有100万奶农，有那么多的农民眼巴巴盼望着你。

记者：现在跟创业时候相比，愿景有什么变化？现在办企业是为了什么？

牛根生：社会责任。一个人活着如果对社会有点儿用或者有点儿意义，就会觉得比较充实。我在伊利公司的时候有一个习惯，把每年的年薪和奖金拿出来给大家分。

教学活动

活动一 测评你适合创业吗？

（一）测评内容：你适合创业吗？

请回答以下问题，如果你的回答是"一直如此"，加5分；"不确定"或"偶尔"加3分；"从来不是"加1分。

1. 我很少受评语或看法的影响。
2. 我对自己很满意。
3. 我很会安排自己的生活，而不是让别人告诉我该怎么办。
4. 我努力尝试实现自己的梦想。
5. 我认真花时间思考自己要成为什么样的人。
6. 我知道自己有很大的潜力，对自己有信心。
7. 遇到挫折，我很快可以再站起来。
8. 无论现在年纪多大，我认为自己永远有机会。
9. 我时常从书本中学习新知识和技能。
10. 我很容易和别人合作。
11. 我愿意听取不同的意见，并慎重思考。
12. 即使在很不乐观的情况下，我依然能保持清醒的头脑。
13. 我能很快做决定。

14．我不轻易放弃。

15．在有压力的时候，我仍然相信自己。

16．我制定目标，并全力以赴地努力达成。

17．我的生活很有计划和条理。

18．我很真诚、谦卑。

19．我做事脚踏实地，而不妄想一步登天。

20．我对家人及朋友非常忠实，全力保持和他们的良好关系。

（二）测评标准

80分以上：恭喜你，你的信心指数较高，非常适合创业，并能很轻松地走上成功之路。不过有一点要注意，再自信、再聪明的人也不能保证不犯错误，不要疏忽潜在的危险。

60~80分：你有很多可以提升的空间，创业能为提升自我起到很大的帮助。

40~60分：你的自信心不是很强，增强自信心会为你创业提供更多内在的优势。

40分以下：你现在可能还不太适合创业，多积累知识、提升自己，当你的信心指数有所提高之后再创业，就会顺利很多。

活动二　测试你适合什么工作

下面是10个题目，如果符合自身情况，则回答"是"，不符合则回答"否"，拿不准则回答"不确定"。

1．你认为那些使用古怪和生僻词语的作家，纯粹是为了炫耀。（"是"得1分；"否"得0分；"不确定"得2分）

2．无论什么问题，要让你产生兴趣，总比让别人产生兴趣要困难得多。（"是"得0分；"否"得1分；"不确定"得4分）

3．对于那些经常做没把握事情的人，你不看好他们。（"是"得0分；"否"得1分；"不确定"得2分）

4．你常常凭直觉来判断问题。（"是"得4分；"否"得0分；"不确定"得2分）

5．你善于分析问题，但不擅长对分析结果进行综合、提炼。（"是"得1分；"否"得0分；"不确定"得2分）

6．你审美能力较强。（"是"得3分；"否"得0分；"不确定"得1分）

7．你的兴趣在于不断提出新的建议，而不在于说服别人去接受这些建议。（"是"得2分；"否"得1分；"不确定"得0分）

8．你喜欢那些一门心思埋头苦干的人。（"是"得0分；"否"得1分；"不确定"得2分）

9．你不喜欢提那些显得无知的问题。（"是"得0分；"否"得1分；"不确定"得3分）

10. 你做事总是有的放矢,不盲目行事。("是"得 0 分;"否"得 1 分;"不确定"得 2 分)

评价:

得分 22 分及以上,则说明被测试者有较高的创造思维能力,适合从事环境较为自由、没有太多约束,对创新性有较高要求的职位,如美编、装潢设计、工程设计、软件编程等。

得分 11—21 分,则说明被测试者善于在创造性与习惯做法之间找出均衡,具有一定的创新意识,适合从事管理工作,也适合从事与人打交道的工作,如市场营销等。

得分 10 分及以下,则说明被测试者缺乏创新思维能力,属于循规蹈矩的人,做人总是有板有眼,一丝不苟,适合从事对纪律性要求较高的职位,如会计、质量监督员等。

活动三　辩一辩:就业还是创业

情景模拟:毕业生会面临着一个共同的问题,毕业后是继续深造,还是迈入职场?如果选择迈入职场,可能又会面临着另一个问题,是就业,还是创业?如果是创业,就面临着是直接创业,还是工作一段时间后再创业。这两种创业方式各有利弊。

任务:请学生分成 2 组(就业组、创业组),就毕业后选择就业还是创业展开辩论。

学习单元四
保持创业热情

每一个有意义的事业,都需要倾注热情。

——约翰·肯尼迪

热情是能量,没有热情,任何伟大的事情都不能完成。真正成功的人,不会让自己的生活和工作像一潭死水一样毫无生气。成功的人,懂得利用热情的力量让自己的生活变得生动。热情能鼓舞我们以更自信的姿态迎接生活,以更快、更有力的步伐迈向人生的目标。当然,在创业的过程中,最重要的因素之一就是保持创业热情。

▶ 案例一

薇拉的选择

丽娜和薇拉是某家电讯公司的两位工程师。她们是同时进入这家公司的,而且都是硕士研究生毕业,对待工作都勤勤恳恳、尽职尽责,业务素质不相上下。然而几年以后,丽娜被提升做了公司的项目经理,薇拉却仍旧在原来的职位上做一名普普通通的工程师。为此，薇拉感到非常苦恼，她不知道是哪里出了问题，为什么同样水平、同样资历的丽娜和她，公司的对待，却有这么大的区别。可是，这还不是最糟糕的事情，接下来发生的事给了薇拉更大的打击，由于市场环境的变化，公司决定大批裁员，而薇拉竟然成了首批被裁掉的员工。这让她感到更加困惑和委屈，于是薇拉找到解雇她的老板，一定要老板给她一个合理的解释，无奈之下那位老板最终为薇拉指出了事情的症结所在。

原来，那位老板认为薇拉的个性十分冷淡，在工作和生活中总是显得不合群，虽然她的业务水平也很高，但是总给人一种不够积极和不求上进的感觉，让人觉得好像缺少了什么。而丽娜是一个乐观热情的人，她总是用自己热情的态度感染着身边的人们，让所有人都能够从她身上感受到活力和热情，公司的人几乎都很喜欢她。听了老板的解释，薇拉终于明白了，她回想自己一直以来的表现，也觉得自己不够热情。在后来的生活中，她努力地改正，时刻提醒自己要保持热情。最终，薇拉也成了一个十分受人欢迎的人。一个人是否热情决定着人们是否喜欢他、接受他，热情的态度和品质影响着一个人工作生活的方方面面。

热情是一个成熟的人应该具备的基本品质。英国前首相迪斯雷利说过："一个人要想成为伟人，唯一的途径就是做任何事情都得抱着热情。"即使一个人不想成为伟人，不想成就大的事业，如果他想成为一个成熟的人，想获得人们的喜爱和亲近，那么他就应该时刻保持热情。

通过案例，与同学互相交流：如果你是薇拉，你会采取什么方法让自己在工作方面变成乐观热情的人？

在创业途中，难免会遇到挫折。那么，我们如何在遇到挫折时继续保持创业热情？

一、明确并坚信愿景，清晰定义目标

首先，你需要确立一个具有吸引力且鼓舞人心的创业愿景，明确你希望通过创业实现什么，或者你的事业将如何改善现有的生活。在我们制定目标时，通常会在脑海里浮现出目标完成时的画面。你想要的创业成果是怎样的？这是激励你保持创业热情的重要条件。值得注意的是，你的创业目标是简单的、直接的，而不是泛泛而谈的。从创业者思维来看，过去，创业者的思维基本围绕着能够准确抓住用户在当下的一个痛点，由此看到商机，再根据这个明确的痛点去进行创新，创造出一个能够解决用户的痛点的产品。所以，创业过程中商业模式是确定的，中间所有的变量都是可度量的，痛点解决方案具有极高的确定性，因此，创业设定的目标也是单一的、直接的。但如今，用户真实的痛点与看到的并不一致，中间的变量是不确定的，解决方案也是模糊的，需要通过不断迭代、不断积累认知，从而逼近当下的用户痛点和实时有效的解决方案，这就要求在制定创业目标、创业愿景时，不能只看表面、只看当下，所有的认知、所有的迭代都是围绕你的用户而展开。

二、牢记个人使命

将自己的价值观、兴趣和长期目标与创业项目紧密结合，确保你对所创立的事业充满热情，并且定期重温创业初衷和愿景，尤其是在遇到困难时，用它来激励自己。创业是一个自我修炼的过程，回顾一下最初的动机是什么。有一名网友，以前的工作是做电脑相关的维修和买卖。开始时，他希望通过保持低价来造福大众，帮助不懂电脑的人组装电脑。但到后来发现，订单不够多，利润不足以支撑自己的生活。所以他不得不采用传统的经营模式。但他的初心不变，还是给客户组装性价比高的计算机，所以他通常选用知名品牌或者性价比高的组件。其实很多时候，初心是一个原则，是一个底线，坚守底线并灵活处理才能在创业的道路上越走越远。

三、持续学习与成长

作为创业者，要有持续学习的心态，不断地学习新知识、新技能和市场动态，结合自身学习偏好与需求，构建多元化的学习路径。其中包括参加专业培训课程、攻读相关学位或证书、阅读专业书籍与期刊、订阅行业资讯、听专业播客、观看教学视频、寻找导师或顾问等。这样才能在创业的路上越走越远。人的认知是有限的，但是在有限的认知中能够突破自我，不断学习，是通向创业成功的关键。除了不断学习，还应养成习惯，定期地反思与调整，如定期回顾创业过程，总结经验教训，优化创业时所采取的策略和方法，都能够让创业者不断成长。

四、向优秀的人学习

在创业的过程中，如果一味地一意孤行，创业必将走向失败。创业者需要明白一个很直接的道理：独行快，众行远。因此，多向经验丰富的企业家或导师寻求指导，积极参加创业相关的研讨会和培训课程，从他人成功与失败的经历中汲取经验和教训来鞭策自己。此外，团队也是获得创业热情的重要来源。当创业热情逐渐消退时，你很可能会开始疏远周围的家人、朋友。这时，你应该提醒自己：应该留出与他们相处的时间，以此来恢复能量。此外，当你真正融入创业团体时，就能够从团体获得能量。一个优秀的创业团队，是能够爆发巨大能量的，它所带来的效果不亚于成功的创业家、企业家。因此，在向优秀的人学习的同时，更应该学习如何把你的创业团队经营得更好。

五、以正确的姿态面对挫折或迎接成功

在创业时,遇到挫折是难免之事,但如果能正确认识到创业过程中遭遇困难和失败是常态,培养面对挫折时的韧性和乐观态度是十分重要的。首先,承认挫折的存在,而不是逃避或否认。认识到失败、困难或不如意是生活常态,每个人都会经历。坦然接受当前的困境,这是调整心态、寻求解决方案的第一步。接受并不代表坐以待毙,而是立即振作起来,探讨能够重新开始的计划。其次,不要浪费时间在过去的错误上,而是将这次的挫折当作加速前进的机会。根据反思的结果,制订具体的行动计划。这包括提升自我技能、调整创业策略、改变环境等。明确目标,分解任务,设定可衡量的里程碑,逐步朝着解决问题的方向前进。创业成功的人会允许自己有负面情绪,但是他们不会沉溺于其中,保持冷静与理智有助于看清问题的本质,避免在情绪的驱动下做出冲动的决定。此外,在创业时达到了自己预设的短期目标时应进行一定的奖励,这有助于积累成就感和提振士气。成功时保持谦逊,意识到创业达到的小成就并非全凭个人之力,而是得益于他人的帮助、团队协作、机遇等因素。感恩并回馈那些支持你的人,避免产生傲慢情绪。另外,在创业取得阶段性的成功后,更加需要重新审视个人或团队的目标体系,设定更具挑战性的新目标。这不仅有助于保持进取心,也能防止满足于现状导致的停滞不前。

六、正确释放压力

身体是革命的本钱,保持健康的生活习惯,合理安排工作与休息是非常有必要的。创业过程中,有许多创业者因为无法调节好自己的压力、情绪,创业的热情日益消减,最后无法坚持创业。因此,在保持活力的同时,要听从身体发出的意见,保持足够的休息,正确地释放压力,才能有足够的热情创业。保持规律的体育锻炼,如瑜伽、跑步、健身等,这些活动有助于缓解压力,提高心理素质。保持健康的饮食习惯,营养均衡有助于提高身体抵抗力和精神状态。把创业看作是一场马拉松而非短跑,持续学习和提升自我,提高抗压能力和应对复杂问题的能力。

七、保持创新思维

对周围世界保持开放和好奇的心态,不断提问、探索未知领域,这有助于发现新的视角和创业机会。接受并尊重不同的观点和想法,鼓励团队内部开展头脑风暴、集思广益,通过多元视角碰撞出创新火花。设立"安全空间",在一定范围内允许失败,鼓励团队成员大胆尝试新的想法。领导者应以身作则,展示对创新的重视和承诺,为员工树立榜样。

教学活动

测一测你的创业热情

创业是一项充满挑战与机遇的旅程，在创业的道路上始终保持热情是最终实现创业梦想的重要因素。

保持创业热情是一项持续的挑战，尤其在面临困难、挫折和不确定性时。以下的一些建议，在创业遇到困难时可以帮助保持创业激情不减，坚定地推动事业向前发展。（在每一项建议后，都有几项自我评价。如果符合你的自身情况，请画"√"，一个"√"记 10 分。）

一、明确并坚信愿景，清晰定义目标：

1. 我能制定好属于我自己的创业目标，不盲目跟风；
2. 我的创业能够促进社会进步或让一部分人的生活更加便利。

二、牢记个人使命：

1. 我能时刻保持自己正确的三观，不为任何人的说教所动；
2. 在创业时，我能保持初衷，始终保持自己最开始的想法，不被动摇。

三、持续学习与成长：

1. 在反思时，我能够从自身找原因，并且做出一定的改变；
2. 在做调整时，我会根据自身情况进行调整，而不是盲目改变自己的创业风格。

四、向优秀的人学习：

1. 我能够放下姿态，向有经验的创业者虚心讨教；
2. 我能够融入我的团队中，担当一个合格的创业领导者；
3. 我能带给团队的人热情、能量，而不是一味地抱怨。

五、以正确的姿态面对挫折或迎接成功：

1. 受到挫折时，我可能会有些沮丧，但能够很快地调整好自己的情绪；
2、在自己的目标达成时，我会很开心，但不会过于炫耀。

六、正确释放压力：

1. 在遇到压力时，我能够找到适合我自己的方法来释放压力；
2. 在遇到压力时，我愿意与人沟通，说出我的难处，寻求帮助。

七、保持创新思维：

1. 我有非常活跃的思维，在创业方面总能从各方面得出或多或少的创意；
2. 我能够非常热情地跟我的团队分享我的经验与想法。

最后，算一算你一共得了多少分。

65～75 分：你有非常高的创业热情，相信你通过创业一定能够获得成功。

55～65 分：你有一定的创业热情，但是还需要从各方面提高自己的创业积极性。

55 分以下：你有创业的想法，但热情度还不够或还没有找到正确的创业思路，相信你在调整过后也能很好地进行创业。

模块三

变现创新想法的创业实践

学习单元一
从职业创新走向合伙创业

一个人想做点事业，非得走自己的路。要开创新路子，最关键的是你会不会自己提出问题，能正确地提出问题就是迈开了创新的第一步。

——李政道

案例及分析

某校机械专业毕业的小王，毕业后盲目创业，学着别人卖菜、卖水果、卖服装，几经波折，没有一件事干成功，正当小王垂头丧气时，恰好社区组织个体经营者进行自我创业资源分析。经过分析，小王发现自己最大的长处还是所学的专业。在这之后，小王开了一家汽车修理店，他感到自己一下子有了广阔的发展空间。

创业并不是一件容易的事，除了要付出艰辛和努力，还需要对自己的优势和不足有一个正确的评价，只有这样，才能走向成功。小王的专业是机械，修理汽车是他的专长，在认识到自己的长处后，小王及时调整方向，最终获得了成功。

一、创业项目选择

（一）创业环境

1. 外部环境

（1）产业环境。产业环境，主要指市场环境分析，包括产品市场需求分析、产品市场供给分析、产品市场价格分析、项目产品分析、市场行为分析、市场空间范围分析、信息技术环境分析。其中信息技术环境尤为重要，包括信息意识、信息获取成本、信息实用性、信息服务水平等。

（2）宏观环境。外部环境因素间接地或潜在地对企业产生作用和影响，一般来说，宏观外部环境包括政治因素、法律因素、经济因素、社会因素、人文因素和技术因素。制度环境分析，除了分析国家的政治制度、市场经济制度、利益分配制度、社会保障制度这些正式制度，还包括分析意识形态和传统文化这些非正式制度；政策环境分析，包括税收财政政策分析、产业政策分析、用地政策分析；文化环境分析，包括价值观念、理想情操、社会结构、家庭结构、人口素质、民俗民风、态度取向、生活方式等；资源环境分析，包括资源的特点和优势分析、资源与项目适应性分析、生产潜力与资源承载力评估等。各个企业均要受到政治、经济、社会和技术等宏观环境的影响。

2．内部环境

（1）资本规模。资金适宜开创项目类型，提前做预算评估。

（2）技术条件。关键技术的掌握程度、成本控制技巧、营销手段。

（3）组织管理能力。组织协调能力、用人能力、经营管理能力。

（4）自身素质。心理素质、身体素质、知识素质、能力素质、人际关系。

通过对自身所处的内外环境进行充分认识和评价，可以明确自身发展的优势和劣势，以便发现市场机会。

（二）选择创业项目

选择创业项目是决定成功与否的重要环节，实地考察和对现有用户经营情况进行了解是前提。重考察，一要看信息发布者所在公司的实力和信誉，可向当地工商管理部门等机构了解情况；二要看项目成熟度，设备是否齐全，服务质量如何，能否立即投入生产等；三要看目前此项目在全国的实际运营者有多少，经营情况如何等。

1．慎重选择热门项目

选择项目时不要盲目跟风，如果挑一些目前最流行的行业，没有经过任何评估，就贸然投身其中，往往会以失败告终。应该认识到，这些行业往往市场已趋于饱和，就算还有发展空间，利润也不如初期大。跟风投资的小本经营者不是面对一个强大的同行业竞争者，就是拾取那些已经无利可图的剩余机会。

2．市场前景良好

所发展项目要有直观的利润。有些产品需求很大，但成本高、利润低。产品的市场支持力、市场容量及自身接受能力对创业者来讲至关重要，要多考察当地市场，看看所选项目是否在当地有需求及靠自己的能力是否可以进入市场等。

3．资源优势独特

靠山吃山，靠水吃水，创业者如果能慧眼独具，发掘自己身边特有的资源进行投资开发，往往容易成功。当你瞄准某个项目时最好适量介入，以较少的投资来了解市场，等到自认为有把握时，再大量投入，放手一搏。

4．做到三个"万万不可"

在项目实施过程中，万万不可先交钱后办事，不要把自己的辛苦钱，仅凭一纸合同或协议，就轻易付给对方；万万不可轻信对方的许诺，在签订合同时就应留心，以防止对方有意违约给自己带来损失；万万不可求富心切，专门挑选那些轻易赚大钱的项目，越具有诱惑力的项目，往往风险也越大。

5. 选择薄利多销、不压货的项目

薄利多销，是一种很好的低价位定价策略，"三分毛利吃饱，七分毛利饿死人"的说法，就是对薄利多销的一种形象比喻。一般人在盈利时，只图短期利益，往往在单次交易中讨价还价，结果因报价过高，失去潜在客户。薄利，并不是要真的减少你的总利润，而是把眼前利益和长远利益结合到一起，把点和面结合到一起，以薄利为手段来增加销售，可从总体上获得利润。

（三）警惕项目投资陷阱

信息时代，报刊广告、信函广告和张贴广告无处不在，它们良莠不齐，真假难分。选择项目，必须三思而后行，千万别掉进创业的"陷阱"里。

1. 假联营加工，真卖设备

某些厂家在报刊刊登所谓免费供料、寻求联营加工手套或服装的广告，称只要购买他们的加工机械，交押金后可免费领料加工，厂方负责回收，你就可获得高额的加工费。结果并非如此，当你购买了他们的机械，领料加工完产品送交时，厂方就会以不合格拒收，或厂家搬到异地他乡，不知去向，导致血本无归。

2. 融资诈骗

对创业者来说，除了要对投资公司的背景进行全面调查，还需要保持警惕的心态，特别是对各种付款要求，多问问题，必要时可用法律来保障自己的利益。

3. 骗取保证金

一些报刊及信函有诸如电话防盗器、节能灯、书写收音两用笔等广告，广告称只要交保证金，就可免费领料组装，回收产品，让你获得丰厚的组装费。这类广告可疑性较大，当你交付保证金领料组装完产品送交时，对方常以组装不合格为由拒收，目的是骗取几千元的保证金。

4. 专利技术行骗

有些单位或个人为了骗取所谓的技术转让费，专门提供一些成熟、虚假、无实用价值的技术，称已获专利并已有专利号。一些人向某单位推销洗衣粉，可产品始终无法达到广告宣称的标准。难怪一些权威人士称，依据某些技术资料以非正规方法生产出来的产品，大多数是伪劣产品。如根据其提供的专利号向专利局查询，往往会发现这些专利号多半不存在。

二、创业的类型

（一）个体独立创业

个体独立创业是指创业者个人或创业团队白手起家进行创业。创业者独自出资、独自经营的企业形态，它的外在行为体现为创业者的个体活动。无论企业中的从业人员有多少，真正承担创业风险并享有创业利益的人只有创业者，其他人都仅仅是员工。独立创业的创业人员单一，权利和义务统一，决定了创业者行为自由度很高，不受影响和限制，因而在创业过程中能够保持最大限度的自主性。

（二）公司创业

公司创业，是由一些有创业意向的企业员工发起，在企业的支持下承担企业内部某些业务内容或工作项目进行创业，并与企业分享成果的创业模式。这种激励方式不仅可以满足员工的创业欲望，同时也能激发企业内部活力，改善内部分配机制，是一种员工和企业双赢的管理制度。其创业原则如下。

1. 清楚公司未来的远景与目标，使创业者有一个遵循的方向并能与公司的经营策略相结合。推动内部创业的企业首先在政策上要能够支持与鼓励创新行为，并向员工明确传达政策：只要是符合企业的发展策略，有助于实现企业的远景与目标，由员工主动发起的创新活动将被容许，并且可获得资源上的支持。某公司更明确设定，员工可运用15%的工作时间与资源，来自由从事与创新有关的活动，且不必事先获得主管的同意，追求创新要重于执行规章制度。

2. 发掘企业内部具有创业潜力的人才。创业者追求的不只是金钱的报酬，还包括成就感、地位、实现理想的机会、拥有自主性及自由使用资源的权力。一般创业者大都具备远见，是行动导向的人，拥有奉献精神，能为追求成功而不计牺牲眼前利益。但创业行为也不能只靠热情驱动，创业家必须要具备创新思维，并能提出具体可行的方案。

3. 赋予创业团队行动自由，但同时要承担相应责任。对于内部创业团队的创新与创业活动，企业应提供较高的行动与决策自主权，在一定范围内，创业团队可拥有自由支配资源的权力。但同时也要设立评估点对成果进行责任追究，在未有成果以前，创业团队须放弃分享其他部门为企业创造的利益。

4. 采用红利分配与内部资本相结合的双重奖励制度，来激励内部创业行为，并对错误持宽容态度。激励制度对于企业创新活动具有关键性影响，重视内部创业的企业大都能够容忍创新过程中的失误。对创业成功的奖励除提供晋升机会外，还包括分享成果红利，以及提供可供自由支配的内部资本作为额外奖励。

三、创业模式

创业既复杂又灵活，创业者必备的基本素质就是把握创业的机遇。创业是自身价值的实现，同时又需要投入必要的时间和精力。有哪些创业方式呢？

（一）网络创业模式

网络创业模式可以有效利用现成的网络资源，网络创业主要有两种形式：一是网上开店，在网上注册成立网络商店；二是网上加盟，以某个电子商务网站门店来进行经营，利用该网站的货源和销售渠道。常见的几种网络创业模式如下。

1. 网络门户

所谓网络门户就是进入互联网的大门，它具备强大的信息检索、信息交流和信息传递功能，有专业垂直门户和综合性门户之分，广告是主要的收入来源。

（1）专业垂直门户。综合性门户之战大局已定，较小的门户将被吞并，取而代之的是专业垂直门户，提供某类专业信息的深入解析，而不是广泛浅显的内容。例如，Healtheon网站是面向网上医药销售的每个流程，将医生、病人、保险机构联系在一起。

（2）综合性门户。这是一种结合了多个专业垂直门户的网站，比如Vertical公司网站，其创办者发现，有许多行业如废水处理、固体垃圾处理，虽然不太受大众关注，但市场容量不小，只要网站上的内容丰富、深刻、有趣，相关专业的人士就会聚集过来，于是广告就跟着来了，交易也可以在这里进行。

2. 网上销售

网上购物是电子商务中最显而易见的方式。能在网上买到东西不足为奇，形式无非是百货店或专卖店，关键就在于如何为顾客服务。贝索斯创办亚马逊书店之前曾做过认真调查，发现书籍是最适合在网上卖的产品。因为书是标准化产品，退货较少，运输中不易损坏，且可在网上查看书的介绍、评价，也可阅读部分章节，这是传统书店不具备的优势。另外，由于没有一个占据垄断地位的传统书店，降低了网络书店进入市场的门槛。

3. 网上竞拍

雅虎、亚马逊、戴尔、易贝被公认为四大成功的互联网公司。如易贝上的拍卖：每个人都可以拿出各种东西在网上寻求买主，而想要的任何东西也许都会找到，价格由买主和卖主之间协商，易贝的拍卖模式取得如此惊人的成功，以至于现在几乎所有的购物网站都开始经营拍卖业务。

4. 网上金融

网上金融是财经证券网站成为最受欢迎网站之一的原因，如国内的证券之星、和讯网、中金网、易富网等提供股票即时行情、证券数据、重要财经新闻、证券分析软件等内容的财经资讯网站。这种网站进一步发展便可成为网上券商，网上券商有两种模式：第一种是全部业务都是在线操作；第二种是结合在线交易与顾客直接接触，并和多家零售网点建立联系。网上券商吸引用户主要不是靠低廉的交易费用，而是靠优秀的证券研究工具，指导用户如何进行股票投资。

5. 配套服务

网上买卖确实方便，但离开了物流配送系统，购物网站将会一事无成。现在的物流行业正在快速发展，也涌现了许多物流公司，如顺丰、圆通等。

6. 第四媒体

互联网以飞速发展的势头成为继报纸刊物、广播、电视之后的第四媒体。有些网站的经营思路，就是充分利用网络信息传播的优势。

7. 网上"保姆"

有些网站，不直接卖商品，卖的是特定的信息和服务。例如，BizRate 购物网站收集了上千个网上商店的信息，根据顾客对商店的订购、选择和价格的满意程度评出 5 个星级。

8. 虚拟社区

网络把世界变成地球村，散居在地球各个角落的人，为了同一个爱好，可以相聚到虚拟社区里。

（二）加盟创业模式

加盟创业模式可以分享品牌优势、经营诀窍、资源支持，采取直营、委托加盟、特许加盟等形式加盟，投资金额根据商品种类、店铺要求、加盟方式、技术设备的不同而有所差异，其优点如下。

1. 入行快捷

由于总部拥有的品牌、商标、经营管理技术都可以直接利用，相较于自己独创事业，这种模式在时间、资金和精神上都大大减轻了创业者的负担。对于完全没有生意经验的人来说，他们可以在较短时间内入行。

2. 管理简单化

优秀的总部，为提高整个连锁企业的商誉，会开发独创性、高附加值的商品，以产品差别化来领先竞争对手，加盟店可不必自设开发部门。

3. 营销简单化

总部统筹处理促销、进货甚至会计事务等，使加盟店能心无旁骛地专心致力于销售工作。

4. 沿袭品牌商誉

加盟店由于承袭了连锁系统的商誉，为顾客提供了一种信任感，使新开张的店也能给顾客带来亲切感，甚至对于新移民的加盟店主所担心的语言障碍、生活习惯等问题，都可以在同一品牌下得到支持和维护。

5. 统购统销

如果自己创业，可能会在商品和原材料进货上遇到种种困难，而加盟店则因总部的大规模生产及订制，甚至能够在设备、装饰和杂项装备等方面便宜买进。

（三）兼职创业模式

兼职创业模式即在工作之余再创业，如教师、培训师可选择做兼职培训顾问；业务员可兼职代理其他产品销售；设计师可自己开设工作室；编辑、撰稿人可朝媒体、创作方面发展；会计、财务顾问可代理做账理财；翻译可兼职口译、笔译；律师可兼职法律顾问；策划师可兼职广告、品牌、营销、公关等咨询。

（四）团队创业模式

这种模式具有互补性或者由有共同兴趣的成员组成团队进行创业。一个由研发、技术、市场、融资等各方面组成的优势互补的创业团队，是创业成功的法宝，对高科技创业企业来说更是如此。创业团队在投资选择时，由于投资时机、投资对象、资本额的大小、投资收益的期望值等因素而面临较高的风险。因此，采取何种组织形式对于投资本身及其成效具有重要影响。一般而言，创业团队在创业投资时可采用的组织形式主要有公司制、合伙制两种，不同形式各有其特点。

1．公司制

创业投资采用公司制形式，即设立有限责任公司或股份有限公司，运用公司的运作机制及形式进行创业投资。采用公司制的优势主要体现在以下几个方面：一是能有效集中资金进行投资活动；二是公司以自有资本进行投资有利于控制风险；三是对于投资收益公司可以根据自身发展，做必要扣除和提留后再进行分配；四是随着公司的快速发展，可以申请对公司进行改制上市，使投资者的股份可以公开转让以套现资金用于循环投资。有限责任公司是由两个以上的创业投资者共同出资，每个投资者以其认缴的出资额对公司承担有限责任，公司以其全部资产对其债务承担责任的企业法人。

2．合伙制

合伙制是指依法在中国境内设立的由各合伙人订立合伙协议，共同出资、合伙经营、共享收益、共担风险，并对合伙企业债务承担无限连带责任的营利性经营组织。创业团队投资采取合伙制，有利于将创业投资中的激励机制与约束机制有机结合起来。合伙人执行合伙企业事务，有全体合伙人共同执行合伙企业事务和委托一名或数名合伙人执行合伙企业事务两种形式。

（五）大赛创业模式

大赛创业模式即利用各种商业创业大赛，获得资金提供平台，如雅虎、网景等企业都是从商业竞赛中脱颖而出的，因此也被形象地称为创业孵化器。清华大学王科、邱虹云等组建的视美乐公司，上海交大罗水权、王虎等创建的上海捷鹏计算机技术有限公司等属于这种模式。大赛创业的优点主要有以下几个方面。

1. 获得启动资金

通过大赛可以验证项目的商业价值，同时可以获得奖金或天使投资人的关注，得到风投资金的注入。

2. 提升创新创业水平

通过比赛促进科技创新和成果转化，培育高水平、高素质的创业团队。

（六）概念创业模式

概念创业模式即凭借创意点子和想法创业。这些创业概念必须标新立异，至少在打算进入的行业或领域是个创举，只有这样才能抢占市场先机，吸引风险投资者的眼球。概念创业的主要类型有以下几种。

1. 异想天开型

想象中蕴藏着诸多的成功机会，飞机的发明源于莱特兄弟"人类也能像鸟一样飞翔"的想法。大卫·克罗克（David H.Crocker）的离奇想法则造就了"会飞的邮件"——电子邮件。

创业也是如此，独特的创意有时也能成为一种创业资本，有着剑走偏锋的神奇作用。

2. 问题解决型

每个人在日常生活中都会碰到或大或小的恼人问题，有人抱怨几声就作罢，而有人则从自身经历或朋友的困境中发现商机。例如，晚上遛狗时差点被车撞，从而发明宠物反光衣。这一类型的创业者能精准地识别问题所在，并且思维敏捷，想出解决问题的办法。

3. 创业复制型

创业成功者未必都是新领域中第一个"吃螃蟹"的人，有时他们的创业想法来自成熟领域，只是在某些方面进行了创新。如果你不是点子王，但擅长举一反三，具有丰富联想能力，那么不妨试着把一个行业的原创概念复制到另一个行业。

（七）内部创业模式

内部创业指的就是在企业公司的支持下，有创业想法的员工承担公司的部分项目或业务，并且和企业共同分享劳动成果的过程。这种创业模式的优势在于创业者无须投资就可获得广泛的资源。内部创业在资金、设备、人才等各方面利用的优势显而易见，由于创业者对于企业环境非常熟悉，在创业时一般不存在资金、管理和营销网络等方面的困扰，可以集中精力于新市场领域的开发与拓展。同时，由于企业内部所提供的创业环境较为宽松，即使创业失败，创业者所需承担的责任也较少，从而大大地减轻他们的心理负担，成功的概率相对提高。建立企业的内部创业机制，不仅可以满足精英员工在更高层次上的成就感需求，从而留住优秀人才，同时也有利于企业采取多种经营方式，扩大市场领域，节约成本，延续企业的发展周期。

教学活动

社会上的矛盾点、冲突点、需求点是创业项目的背景，请参考以下模式，列举 5 个对应的内容，分析总结创业项目产生的过程。

序号	矛盾点、冲突点、需求点	公司、品牌	解决的问题
样例	越来越多的上班族、学生等群体，希望不出门就能买到想吃的东西。但商家自己配送成本高，面向范围比较小	随着互联网的发展，出现饿了么、美团外卖等外卖平台	降低配送成本，不断扩大消费者和商家的覆盖范围等问题
1			
2			
3			
4			
5			

学习单元二
从个体创新走向团队创业

> 我更喜欢拥有二流创意的一流创业者和团队，而不是拥有一流创意的二流创业团队。
>
> ——乔治·多里特

一、创业团队的概念

关于团队的定义，不同的学者从不同的角度进行了界定。美国管理学家刘易斯认为，团队是由一群认同并致力于达成共同目标的人所组成的，这一群人相处愉快并乐于工作在一起，共同为达成高质量的结果而努力。在这个定义中，刘易斯强调了三个重点：共同目标、工作相处愉快和高品质的结果。美国学者盖兹贝克和史密斯认为一个团队是由少数具有"技能互补"的人所组成的，他们认同于一个共同目标和一个能使他们彼此担负责任的程序。盖兹贝克和史密斯也提到了共同目标，并提到了成员"技能互补"和分担责任的观点，同时还指出团队是一个少数人的集合，能够保证相互交流的障碍较少，比较容易达成一致，也比较容易形成凝聚力和相互信赖感。国内学者廖泉文认为，团队是由为数不多的、相互之间技能互补的、具有共同信念和价值观的、愿意为共同的目标和业绩目标而奋斗的人们组成的群体。团队的意义在于，群体成员间通过相互的沟通、信任和责任承担，产生群体的协作效应，从而获得比个体绩效总和更大的团队绩效。此外，她还给出了优秀团队的特征，包括明确的团队目标、清晰的团队角色、强有力的团队领导、高度的团队信任、得到充分授权的成员、良好的团队学习氛围、硬激励和软激励的有机结合等。

综合上述国内外学者对团队的定义，创业团队是指由技能互补、贡献互补的创业者组成的特殊群体，该群体在一个共同认同的、能使彼此担负责任的程序规范下，为达成高质量的创业结果而共同努力、相互依赖、一起担当。

二、创业团队的组成要素

当创业者决定创业并选定了创业项目后，接下来最重要的任务就是组建团队。创业需要与志同道合的伙伴相互支持、相互信任、分工协作。比尔·盖茨曾说："我一向排斥企业家这个字眼，企业家一词对我而言是个抽象的概念，我自己是个软件工程师，而我决定要找一群人来一起工作，这群人经过一段时间的成长，创造出越来越多的产品。"

组建一支优秀的创业团队对创业者来说是一项至关重要的工作。优秀的创业团队需具备以下五个重要的组成要素。

1. 目标

创业团队应该有一个既定的共同目标，为团队成员导航，知道要向何处去，没有目标的团队就没有存在的价值。目标在创业企业的管理中以创业企业的愿景、战略的形式体现。

2. 人

人是构成创业团队最核心的力量。三个及三个以上的人就形成一个群体，当群体有共同奋斗的目标就形成了团队。在一个创业团队中，人力资源是所有创业资源中最活跃、最重要的资源，所以应充分调动创业者的各种资源和能力，将人力资源进一步转化为人力资本。

目标是通过人员来实现的，所以人员的选择是创业团队中一个非常重要的部分。在一个团队中可能需要有人出主意，有人制订计划，有人实施计划，还有人去监督创业团队工作的进展，评价创业团队最终的贡献，不同的人通过分工来共同完成创业团队的目标。在人员选择方面，创业团队要考虑人员的能力、技能和经验。

3. 定位

（1）创业团队的定位。创业团队的定位体现为创业团队在企业中处于什么位置，由谁选择和决定团队的成员，创业团队最终应对谁负责，创业团队采取什么方式激励下属，等等。

（2）个体（创业者）的定位。作为成员在创业团队中扮演什么角色，是制订计划，还是具体实施或评估计划；是委派某个人参与管理，还是大家共同出资、共同参与管理；或是共同出资、聘请第三方（职业经理人）来管理。这体现在创业实体的组织形式上，是合伙企业还是公司制企业。

4. 权限

在创业团队中，领导者的权力大小与其团队的发展阶段和创业实体所在的行业相关。一般来说，创业团队越成熟，领导者所拥有的权力越小。在创业团队发展的初期阶段，领导权通常比较集中，而高科技实体多数采取民主的管理方式。

5. 计划

（1）目标最终的实现，需要一系列具体的行动方案，可以把计划理解成达到目标的具体工作程序。

（2）按计划进行可以保证创业团队的目标进度。只有在计划的指导下，创业团队才会一步一步地接近目标，从而最终实现目标。

三、创业团队的类型

从不同的角度、层次和结构，创业团队可以划分为不同的类型，而依据创业团队的组成者来划分，创业团队有星状创业团队、网状创业团队和从网状创业团队中演化而来的虚拟星状创业团队。

1. 星状创业团队

一般在团队中有一个核心主导人物，充当领队的角色。这种团队在形成之前，一般是核心主导人物有创业的想法，然后根据自己的设想进行创业团队的组织。因此，在团队形成之前，核心主导人物就已经仔细思考团队的组成，其根据自己的想法选择相应人员加入团队。这些加入创业团队的成员可能是核心主导人物以前熟悉的人，也有可能是不熟悉的人。这些团队成员在企业中往往扮演支持者的角色。

这种创业团队有以下几个明显的特点。

（1）组织结构紧密，向心力强，核心主导人物在组织中的行为对其他个体影响较大。

（2）决策程序相对简单，组织效率较高。

（3）容易形成权力过分集中的局面，从而使决策失误的风险加大。

（4）当其他团队成员和核心主导人物发生冲突时，因为核心主导人物的特殊权威，使其他团队成员在冲突发生时往往处于被动地位。在冲突较严重时，团队成员一般都会选择离开团队，因而对组织的影响较大。

星状创业团队的典型案例是太阳微系统公司，维诺德·科斯拉在创业时，确立了多用途开放工作站的概念，接着他找到了软件方面的专家乔伊与硬件方面的专家贝托尔斯海姆，以及一位具有实际制造经验和人际技巧的麦克尼利，这样就组成了太阳微系统公司的创业团队。

2．网状创业团队

网状创业团队的成员一般在创业之前都有密切的关系，比如同学、亲人、同事、朋友等。团队成员一般都是在交往过程中，共同认可某一创业想法，并就创业达成共识之后，开始共同创业。在创业团队中，没有明确的核心人物，大家根据自身的特点进行组织角色定位。因此，在企业初创时期，各位成员基本上扮演的是协作者或伙伴的角色。

这种创业团队具有以下特点。

（1）团队没有明显的核心，整体结构较为松散。

（2）在组织决策时，一般采取集体决策的方式，经过大量的沟通和讨论达成一致意见，因此组织的决策效率相对较低。

（3）由于团队成员在团队中的地位相当，因此容易在组织中形成多头领导的局面。

（4）当团队成员发生冲突时，一般采取平等协商、积极解决的态度消除冲突，因此团队成员不会轻易离开。但是一旦团队成员之间的矛盾升级，使某些成员退出团队，就容易导致整个团队的涣散。

网状创业团队的典型案例有微软公司，比尔·盖茨和童年玩伴保罗·艾伦一起创办了微软公司；惠普公司是由戴维·帕卡德和他大学同学比尔·休利特共同创办的。许多知名企业的创立始于关系和结识，通过一些互动激发出创业点子，然后合伙创业。此类例子比比皆是。

3．虚拟星状创业团队

虚拟星状创业团队是由网状创业团队演化而来，基本上是前两种类型的中间形态。在团队中，有一个核心人物，但是该核心人物地位的确立是团队成员协商的结果，因此核心人物从某种意义上说是整个团队的代言人，而不是主导型人物，其在团队中的行为必须充分考虑其他团队成员的意见，不如星状创业团队中的核心主导人物那样有权威。

四、创业团队的互补

创业团队的互补是指通过组建创业团队来发挥各个创业者的优势，弥补彼此的不足，从而形成一个具备知识、能力、技能、人际关系等资源的优秀创业团队。

1．创业团队互补的意义

创业团队组建和创业行业选择是新企业创立前的关键决策要素。根据调查发现，合伙创业的比例为60.5%，独自创业的比例为39.5%，这表明企业家更倾向于合伙创业。这种倾向主要是因为合伙创业有助于分散风险，团队成员间的技能互补能提高对环境不确定性的应对能力，从而降低新企业的经营风险。更为重要的是，合伙创业在资源整合展示出更强的能力，能同时从多个融资渠道获取创业资金。

合伙创业主要采用混合融资方式融资，高出单一融资方式 2.3%；独自创业主要采用单一融资方式，高出混合融资方式 6.9%。另据统计数据，创业的成功率只有 20%，新成立的企业只有 20% 能生存 5 年或更长的时间。35% 的新企业在创业当年就失败了，而能够生存 10 年的企业仅为 10%。尽管这些数字的准确程度值得商榷，但是不可否认，创业企业因为资金缺乏、技术相对薄弱，管理方面缺乏经验，要想获得成功必须付出更大的努力。其中重要的一点，就是必须高度重视创业团队的组织设计。如何组建一个高效、优势互补的团队非常重要，它是创业成功的基础。

2．创业团队互补的途径

从人力资源管理的角度来看，建立优势互补的创业团队是保持创业团队稳定的关键。创业者需要什么样的创业团队，取决于创业机会的性质和核心创业者的创业理念。形成团队的关键是核心创业者对其创业战略的考量，即首先要考虑是否希望把创业企业发展为一个有潜力的百年企业；其次是评估所需的才能、技能、技巧、关系和资源，明确创业者已经具备的和还需补充的要素。创业团队是人力资源的核心，包括"主内"与"主外"的不同人才，耐心的"总管"和具有战略眼光的"领袖"，以及技术与市场两方面的人才。创业团队的组织还要注意成员的性格与看问题的角度。如果一个团队里有能提出建设性和可行性建议的成员，或者有能不断发现问题的批判型成员，这将对创业过程大有裨益。

研究表明，大多数创业团队在组建时，往往忽略成员专业能力的多样性，通常基于相同的技术能力或兴趣来选择，至于管理、营销、财务等能力较为缺乏。因此，为了使创业团队能够发挥其最大的能量，在组建一个团队时，不仅要考虑成员相互之间的关系，更重要的是考虑成员的能力或技术上的互补性，包括功能性专长、管理风格、决策风格、经验、性格、个性等特点的互补，以此来达到团队的平衡。

创业团队是由很多成员组成的，那么这些成员在团队里究竟扮演什么角色，对团队完成任务起什么作用，团队缺少什么样的角色，候选人擅长什么、欠缺什么，什么样的人与团队现有成员的能力和经验是互补的，这些都是必须要界定清楚的。这样，我们就可以利用角色理论挑选和配置成员，做到优势互补、用人之长。因为创业的成功不仅依赖于自身资源的合理配置，还需要有效调动、聚集、整合各种外部资源。

3．不同角色对团队的贡献

不同角色在团队中发挥着不同作用，因此团队中不能缺少任何角色。创业团队要想紧密团结在一起，共同奋斗，努力实现团队的愿景和目标，各种角色的人才都不可或缺。

（1）创新者提出观点。没有创新者的团队，思维会受到局限，创意会匮乏。创新是创业团队生产、发展的源泉。不仅企业的产品研发要创新，管理也要创新。

（2）实干者执行计划。没有实干者的团队会显得混乱，因为实干者的计划性较强。"千里之行，始于足下"，有了好的创意还需要靠实际行动去实践。而且实干者在企业人力资源中应该占较大的比例，他们是企业发展的基石。没有执行力就没有竞争力，只有通过实干者踏实努力地工作，美好的愿景才会变成现实，团队的目标才能实现。

（3）凝聚者负责调节各种关系。没有凝聚者的团队其人际关系会比较紧张，冲突的情况会多一些，团队目标完成会受到很大的影响，团队的稳定性也会降低。

（4）信息者提供最新的消息。没有信息者的团队会比较封闭，因为不知道外界发生了什么事。当今社会，信息是企业发展必备的重要资源之一。世界是一个开放的系统，创业团队要在社会中生存和发展，就必须与外界进行信息交流，否则企业就成了一个自给自足的封闭小团体。当代创业团队的成功更需要正确的、及时的信息。

（5）协调者协调各方利益和关系。没有协调者的团队，领导力可能会削弱，因为协调者不仅要有领导力，更要有一种个性的感召力来帮助领导树立个人影响力。从某种角度来看，管理就是协调。各种专业背景的创业者凝聚在一起，经常会出现各种分歧和争执，这就需要协调者来调节。

（6）推进者促进决策的实施。没有推进者，团队工作的效率可能不高。推进者是创业团队进一步发展的"助推器"。

（7）监督者监督决策实施的过程。没有监督者的团队会出现大起大落的情况，做得好就非常成功，做得不好也没有人去挑刺，这样就会迅速衰落。监督者是创业团队健康成长的鞭策者。

（8）完美者注重细节，强调高标准。没有完美者的团队，工作会略显粗糙，因为完美者更注重的是品质、标准。但在创业初期，不能过于追求完美。在企业逐渐成长的过程中，完美者需快速地发挥作用，完善企业的缺陷，为企业做大做强打下坚实的基础。现代管理界提出的"细节决定成功"这一观点，进一步说明完美者在企业管理和发展中的重要作用。

（9）专家为团队提供指导。没有专家，企业的业务就无法向纵深方向发展，企业的发展也将受到限制。

4. 团队角色搭配

团队当中有不同的角色，角色间在配合的时候也会存在一些问题。因此，在角色搭配时，创业者需要对以下情况加以注意。

（1）创新者的下属碰到协调者的上司时，他们之间的关系通常不会存在问题，因为协调者善于将各种不同的人整合在一起达成目标。但如果创新者的下属碰到实干者的上司时，他们之间的关系往往会不太理想，因为实干者喜欢按计划做事，不喜欢变动。

（2）作为同事，创新者和凝聚者之间不会存在问题，因为凝聚者擅长协调人际关系，但如果一个创新者碰到另一个创新者同事时，两人会围绕各自的立场和观点展开博弈，就可能导致内耗。

（3）创新者的上司碰到一个实干者的下属会很高兴，因为有人在把具体的工作往前推进，这是一种互补。

（4）两个完美者碰在一起时，作为上司的完美者可能并不欣赏作为下属的完美者，因为完美者永远觉得自己的标准是最高的，很难接受别人的标准。但如果完美者同事碰到实干者同事，彼此间往往很欣赏。如果完美者的下属碰到一个信息者的上司，他们就会有一些冲突，因为信息者对于外界的新鲜事物接受很快，而完美者有足够的把握时才去做，他们围绕要不要采取新的方式和方法产生分歧。

在了解不同的角色对于团队的贡献和各种角色的配合关系后，领导者就可以有针对性地选择合适的人才，组合成完整的团队。由于团队中的每个角色都有优点和缺点，领导者要学会用人之长、容人之短，充分尊重角色差异，发挥成员的个性特征，找到与角色特征相契合的工作，使整个团队和谐，达到优势互补。

在创业团队中，成员的知识结构越合理，创业成功的可能性就越大。由纯粹的技术人员所组成的公司，容易形成以技术为主、以产品为导向的情况，但往往产品的研发与市场脱节。全部是由市场和销售人员组成的创业团队缺乏对技术的领悟力和敏感性，容易迷失方向。因此，在创业团队的成员选择上，创业者必须充分注意人员的知识结构——技术、管理、市场、销售等，充分发挥个人的知识和经验优势。

延伸阅读

创业团队中，你是猪八戒，还是孙悟空

《西游记》不仅是一部神话小说，还是一部创业史。从东土大唐到西天灵山，十万八千里，没工资、没保险、没 Wi-Fi，多的是妖魔鬼怪，还有比这更艰险的创业吗？从这个角度看《西游记》中的主要人物，都是创业的一把好手，代表了不同类型的创业者。

唐僧型：创业靠信念。唐僧的取经信念是"团队文化"，当徒弟放弃时，唐僧碎碎念；当徒弟做错事时，唐僧碎碎念；当遇到困难时，唐僧碎碎念。

孙悟空型：创业靠人脉。孙悟空虽然自身能力强，但它更懂得向高人求助，凭借自己先前积累的人脉，帮助团队渡过一个又一个难关。

猪八戒型：创业靠团队。猪八戒最大的优点是懂得审时度势，它知道如何调整团队情绪。

沙僧型：创业靠实干。为人低调的沙僧非常适合做合伙人，一是在团队不会树敌，有利于团队合作；二是迎合了大多数人"争名利"的心态，容易被接受。

白龙马型：创业靠刻苦。取经成功不能忽视白龙马的作用。它脚踏实地做好自己的事，从未出现失误，还多次在团队的严重危机中扮演了关键角色。

你在创业团队中是什么类型的？

五、优秀创业团队的特征

不同的创业者在共同创业愿景的鼓舞下，形成了创业团队。搭建一支优秀的创业团队对任何创业者而言，都是一项至关重要的工作，这是保证创业团队沿着共同目标，求同存异，最后实现团队愿景的组织保证。团队成员应该注意以下问题。

1. 知己知彼

有些创业者认为，绝大多数创业团队的核心成员很少，一般是三四个人，多的也不过十个人，从企业管理的角度来看，如此少的团队成员实在是"小儿科"，因为人数太少，几乎每个从事管理工作的人都觉得能够轻易驾驭。但实际上，这个创业团队成员虽少，却都有自己的想法、观点。特别是当团队中有两个或两个以上具备领导特质的人时，团队成员内心会产生不服管的信念。因此，我们不能轻视创业团队中的每个成员。

一个优秀创业团队的所有成员都应该相互熟悉，知根知底。在创业团队中，团队成员能清楚地认识到自身的优势和劣势，同时了解其他成员的长处和短处，这样可以很好地避免团队成员因为相互不熟悉而造成的各种矛盾、纠纷，迅速提高团队的向心力和凝聚力。同时，团队成员的熟悉有利于工作的合理分配，最大可能地发挥各自的优势。

2. 有领导者

在企业管理和市场营销中，经常有人谈论领导者的核心竞争力。事实上，在创业团队中，领导者的作用更加重要。领导者正如航行于大海中的巨轮的舵手，指引着创业团队的方向。

创业团队中必须有可以胜任的领导者，而这种领导者并不是单靠资金、技术、资源来决定的。这种领导者是团队成员在多年共事过程中发自内心认可的人，在创业团队中有巨大的、无形的影响力，能够有一呼百应的气势和号召力。

许多创业团队在很短的时间内就解散了，很重要的原因是创业团队的领导者根本不是一个合格的领导者。而领导者的作用，就是"决定一切"。许多年轻人雄心勃勃，期望"一步登天"，他们敢于第一个吃"螃蟹"，但是他们不一定是合适的创业团队领导者。

3. 有正确的理念

创业者要坚信团队能够发展下去，相信创业团队一定能够获得成功。不要在创业初期就想着散伙，尤其不要用那些"经典"的说法，如"只能共苦、不能同甘""天下没有不散的筵席"等支配自己的思想和行动，应该树立坚定的信念，要坚信创业团队一定能成功。

4．有严格的规章制度

俗话说："没有规矩，不成方圆。"创业初期，创业者就把该说的话说到，该立的规矩要做到，不要碍于情面；把最基本的责权利说得明白透彻，尤其股权、利益分配更要讲清楚，包括增资、扩股、融资、撤资、人事安排与解散等。这样在企业发展壮大后，才不会因利益、股权等分配问题出现分歧，致使团队成员之间产生矛盾，导致创业团队的解散。

【课堂练习】举一个成功的创业团队的例子，分析其成员的互补性。

六、组建创业团队的基本条件

1．树立正确的团队理念

（1）凝聚力。拥有正确团队理念的成员相信他们处在一个命运共同体中，共享收益、共担风险。团队工作，即作为一个团队而不是靠个别的"英雄"工作，每个人的工作都相互依赖和支持，依靠事业成功来激励每个人。

（2）诚实正直。这是有利于顾客、公司和价值创造的行为准则。它排斥纯粹的实用主义或利己主义，抵制狭隘的个人利益和部门利益。

（3）为长远着想。拥有正确团队理念的成员相信他们正在为企业的长远利益工作，正在成就一番事业，而不是把企业当作一个快速致富的工具。没有人计划现在加入创业团队，而在困境出现时退出，他们追求的是最终的资本回报及成就感，而不是当前的收入、地位和待遇。

（4）承诺价值创造。拥有正确团队理念的成员致力于将"蛋糕"做大，包括为顾客增加价值，使供应商随着团队成功而获益，为所有支持者和利益相关者谋利。

2．确立明确的团队发展目标

目标在团队组建过程中具有特殊的价值。首先，目标是一种有效的激励因素。如果一个人看清了团队的未来发展目标，并认为随着团队目标的实现，自己可以从中分享到很多的利益，那么他就会把团队目标当成自己的目标，并为实现目标而奋斗。从这个意义上讲，共同的未来目标是创业团队克服困难、取得胜利的动力。其次，目标是一种有效的协调因素。团队中各种角色的性格、能力有所不同，但是"步调一致才能取得胜利"。孙子曰："上下同欲者胜。"只有目标一致、齐心协力的创业团队才会取得最终的胜利与成功。

七、组建创业团队的原则

创业战略是全局性、长期性、方向性、纲领性决策，贯穿这一决策需要高素质的创业团队，没有良好的创业团队无法实现战略目标。不同的战略有不同要求，需要不同的人力资源，不同的产品类别需要不同的人才，创业团队需要分析创业战略的特点，找出最佳的创业战略与创业团队的搭配方案。

1. 志趣相投的原则

创业成员之间志趣相投是创业团队建立的前提。人们愿意与志趣相投的人一起交往，因为这些志趣相投者彼此更加了解，而且容易预测工作伙伴的未来发展。人们会选择那些在家庭背景、教育经历、社会阅历、工作经验与自己相似的人一起工作。如果是考虑工作中的配合，知识结构也很重要，它会提高沟通效率，有利于形成良好的人际关系。如果团队核心成员之间有截然不同的目标，那么他们之间的冲突就会增加。

2. 技能互补的原则

团队成员间知识、技能、性格的同质化会造成个体贡献的重复，缺乏新的见解和资源，从而限制组织的发展潜力并降低团队效率。创业者应寻找那些与自己不同的人，即能与自己技能互补的人。他们可以有效地弥补创业者知识、经验的不足。创业团队需要广博的知识、多样化的技能和丰富的经验，而这些远非一人或具有"同质资源"的一群人所能提供的，需要寻找"异质资源"。当一个团队成员所缺少的技能能由另一个成员补充时，团队就体现出一加一大于二的整体功能。

团队成员有性格差异，各有所长，相互影响、相互弥补。建立技能互补的创业团队是人力资源管理的关键。创业团队应包括的基本人才有管理型人才、技术型人才和营销型人才。

3. 责权利制衡的原则

创业团队要设计制衡机制，保证创业团队自我调节、自我约束。

首先，要合理分配权力，人人都有与岗位相应的权力。为了减少高层和低层之间的权力摩擦，提高员工参与意识，可以把必要的权力集中在公司高管手上，其他权力尽量下放，增强下属部门的灵活性、自主性和创造性。

其次，每个岗位必须有明确的责任，避免授权不授责，不管如何授权，领导对下属的行动都要负责，而具体岗位人员对其岗位负责。为了更好地完成任务，主管人员必须拥有一定的权力，同时必须承担相应责任，并应当得到与其权责对等的利益。

4. 制定创业团队管理规则的原则

要处理好团队成员之间的权力和利益关系，创业团队必须制定相关的管理规则。这样有利于维持管理规则的相对稳定，而规则的稳定有利于团队的稳定。

团队的管理规则大致可以分为三个方面。

（1）治理层面的规则，主要解决剩余索取权和剩余控制权的问题。治理层面的规则大致可以分为合伙关系与雇佣关系。在合伙关系下大家都是老板，大家说了算；而在雇佣关系下只有一个老板，一个人说了算。除了利益分配机制和争端解决机制，还必须建立进入机制和退出机制。没有进入和退出机制的规则是不完整的，因此要明确创业者退出的条件和约束，以及股权的转让和增资等问题。

（2）文化层面的规则，主要解决企业的价值认同问题。企业章程和劳动合同解决的是经济契约问题，但作为管理规则它们是不完备的。经济契约不完备的地方要由文化契约来弥补。这包括很多内容，但也可以用"公理"和"天条"这两个词简要地概括。所谓"公理"，就是团队内部不证自明的东西，它构成团队成员共同的行为依据。所谓"天条"，就是团队内部任何人都碰不得的东西，它对所有团队成员都构成约束作用。

（3）管理层面的规则，主要解决指挥管理权问题。管理层面的规则最基本的有三条：一是平等原则，制度面前人人平等，不能有例外现象；二是服从原则，下级服从上级，行动要听指挥；三是等级原则，不能随意越级指挥，也不能随意越级请示。这三条原则是秩序的源泉，而秩序是效率的源泉。当然，仅有这三条基本原则是不够的，但它们是建立其他管理制度的基础。

八、创业团队的组织形式

创业团队投资是一种创业性投资活动。创业团队投资由于投资时机、投资对象及资本规模、对投资收益的预期等而具有较高的风险。这类投资活动采取何种组织形式，对于投资本身及其成效具有重要影响。一般而言，创业团队在创业投资时可采用的组织形式主要有公司制、合伙制两种，两种形式各有其特点。

1. 公司制

创业投资采用公司制形式，即设立有限责任公司或股份有限公司，运用公司的运作机制及形式进行创业投资。采用公司制的优势主要体现在四个方面：一是能有效集中资金进行投资活动；二是公司以自有资本进行投资有利于控制风险；三是对于投资收益公司，可以根据自身发展，做必要扣除和提留后再进行分配；四是随着公司的快速发展，可以申请对公司进行改制上市，使投资者的股份可以公开转让以套现资金用于循环投资。

有限责任公司是由两个以上的创业投资者共同出资，每个投资者以其认缴的出资额对公司承担有限责任，公司以其全部资产对其债务承担责任的企业法人。股份有限公司是指全部资本由等额股份构成并通过发行股票筹集资本，股东以其认购的股份对公司承担责任，公司以其全部资产对公司债务承担责任的企业法人。

2. 合伙制

合伙制是指依法在中国境内设立的由各合伙人订立合伙协议，共同出资、合伙经营、共享收益、共担风险，并对合伙企业债务承担无限连带责任的营利性的经营组织。创业团队投资采取合伙制，有利于将创业投资中的激励机制与约束机制有机结合起来。

合伙人执行合伙企业事务，分为全体合伙人共同执行合伙企业事务、委托一名或数名合伙人执行合伙企业事务两种形式。全体合伙人共同执行合伙企业事务，是指按照合伙协议的约定，各个合伙人都直接参与经营、处理合伙企业的事务，对外代表合伙企业。委托一名或数名合伙人执行合伙企业事务，是指由合伙协议约定或全体合伙人决定一名或数名合伙人执行合伙企业事务，对外代表合伙企业。

我国现阶段主要有四种合伙形式：亲戚内合伙、家族内合伙、朋友间合伙、同事间合伙。咨询公司、律师事务所和会计师事务所多数采用合伙制形式。在我国农村地区，很多农民创办的企业都采用了合伙制。全世界90%以上的企业中，有80%是家族企业，甚至在《财富》杂志评选的世界500强企业中，有1/3属于家族企业。不同类型的合伙形式都有自身的优势和不足。就家族合伙制来说，创业时期，凭借创业者之间的血缘关系，能够以较低的成本迅速吸纳人才，团结奋斗，甚至不计较报酬，从而使企业能在短时间内获得竞争优势；内部信息沟通顺畅，对外部市场信息反馈及时，总代理成本比其他类型的企业低。但这种类型企业的缺点是难以得到优秀的人才，这在某种程度上制约其迅速发展。

延伸阅读

为什么团队创业失败，还有投资人投资

投资人看项目常看三个领域：赛道是否足够长、业务是否成功、创始团队能否把事做成，而其中"创始团队能否把事做成"比"业务是否成功"更加重要。这也是为什么有的团队失败过很多次，但依然有投资人追着投资。复兴国际有限公司首席人力资源官潘东辉总结了一个团队能否成功的四个核心标准。

（1）创始团队打不散，无论成功还是失败一直在一起创业。

（2）非常关注创始团队的灵魂人物，他身上需要有一种"莫名的自信"。

（3）创始团队在行业里有多少经验和不可取代的资源。

（4）创始团队有容人之心，成长过程中新加入的人才能融入其中。

投资人会特别关注创始人身上那种"莫名的自信"。虽然可能现在还不知道答案是什么，但是有坚定的信念能找到答案，相信面对任何问题自己都能够解决。我们曾经去问一个创始人问题，他对所有问题都有清晰的答案。作为投资人，一般第一眼都会很喜欢，可还是会有一些顾虑。你什么都知道了，为什么还没有成功？如果一个人什么都知道却还没有成功，往往代表着他可能真的还不知道这件事的真相是什么。创业过程中一定会有一段时间走进无人区。这个领域你没有涉足过，行业里也没有人涉足过。这才是考验一个项目生死存亡的关键所在。这时候，如果创业者没有"莫名的自信"，他一定会被打垮。他不可能简单地去模仿几家公司或MBA课程里的某一个案例，而是会坐下来花时间和团队一起从0开始思考，有什么方法把这个没有人做过的事情做成。正是这种自信，赋予了他们在无人地带摸索的能力，相信抱团取暖就能一起闯过生死关。孙正义曾经讲过，一个疯狂的人比聪明的人创业成功的概率要高好几倍。

九、创业团队的发展过程

创业团队的发展过程分为四个阶段。

1．启动阶段

这个阶段的显著标志是团队缺乏创业的经验，并且怀有对未来高收益的憧憬。此时，团队成员在磨合期，彼此间相互尊重，愿意共担责任，逐渐形成一起工作的默契，同时也在寻找能够帮助他们的各种外部资源。

2．成长导向阶段

这个阶段是团队以集体成长导向为标志，但创业团队成员不知道如何获得成长且不清楚企业未来的发展方向。在这个阶段，创业团队对外开始聚焦于获取资源、发展知识和技能以便在市场上有效竞争，对内共同应对各种事件，并对将来的发展和当前的业务进行扩大。

3．愿景阶段

在这个阶段，团队已经形成了一个清晰的商业愿景。团队首先要把愿景分解成一系列可达成的目标，并且制定一系列实施方案。其次需要明确各个成员的任务与角色，界定其职责，共同发挥自己在团队里的能力，实现一加一大于二的效果。

4．制度化阶段

在这个阶段，创业团队成员从对创业企业的忠诚转变为对当前事业及其未来发展方向的关心。制定创业团队的管理规则，要处理好团队成员之间的权力和利益关系。创业团队管理规则的制定，要有前瞻性和可操作性，要遵循先粗后细、由近及远、逐步细化、逐次到位的原则。

教学活动

活动一　创业者特质自我评估

在下列描述中选择一个最符合你的情况或最接近你的情况的选项。

描述1：

　　A．不用别人告诉我开始做，我就会独立完成一些事情。

　　B．如果有人让我开始做，我就会顺利完成。

　　C．尽管做起来很简单，但是除非是我必须要做的，否则我是不会做的。

描述2：

　　A．我喜欢与人交往，愿意与任何人沟通。

B．我有很多朋友，我不需要其他人了。

　　C．我发现与大多数人打交道很麻烦。

描述 3：

　　A．当我开始做事的时候，我会让很多人和我一起做。

　　B．如果有人告诉我必须做，我会命令别人去做。

　　C．我会让其他人去做，但是如果我喜欢，我会一起去做。

描述 4：

　　A．我愿意承担责任。

　　B．如果必须要我做，我会负责，但是我宁愿让别人去负责。

　　C．周围总有人愿意显示他们的聪明，我说那就让他们去做吧。

描述 5：

　　A．我喜欢在事情开始前做一个计划，我是一个经常将事情安排得井然有序的人。

　　B．我会做好大多数事情，如果太困难，我就会放弃。

　　C．如果有人准备就绪，然后安排和处理整件事情，我就随遇而安了。

描述 6：

　　A．只要我需要我就会坚持做，我不会介意为我想做的事而努力。

　　B．我会努力工作一段时间，但是当我觉得做得足够多的时候，我就不会做了。

　　C．我不会因为有点成就就去努力工作。

描述 7：

　　A．我能很快地做出决定，并且大多数都是对的。

　　B．如果我有足够多的时间，我就能够做出决定。但是如果做出决定的时间很短，我经常就会改变主意。

　　C．我不喜欢做决定，因为我经常做出错误的决定。

描述 8：

　　A．人们相信我说的，我从来不说谎话。

　　B．我在大多数时间里都讲真话，但有些时候做不到。

　　C．如果人们不知道事情的真伪，我为什么要讲真话呢？

描述 9：

　　A．如果我决心做什么事情，就不会让任何事情阻止我。

　　B．如果不出现差错，我经常会完成我的事情。

　　C．如果我不能连续做一些事情，我就会改变方向或放弃。

描述 10：

　　A．我的健康状况非常好，我从不会病倒。

B．我有足够的精力去做我想做的事情。

C．在我的朋友看来，我的精力很快就用完了。

你评估：

A 项___个　　　　B 项___个　　　　C 项___个

解析：

第一种情况：选择 A 项有 7~10 个，表明你是一个称职的创业者。

第二种情况：选择 A 项少于 7 个，或者选择 B 项有 7~10 个，表明当你试图自己去经营一家企业时，你可能会遭遇很多困难。给你一个好的建议，就是找到一个或两个能够弥补你劣势的合作者。

第三种情况：选择 C 项有 7~10 个，表明创办和经营一家企业，目前对你来说可能不是一个可行的选择。如果你希望创业，那么就要努力锻炼创业者所必需的能力。

活动二　寻找你的创业英雄

选择你最想了解的 1~2 位创业者或企业家，他们可以是你心目中的典范或仰慕的榜样，也可以是你所知甚少但非常想了解的人，以小组为单位撰写一篇访问的专题报告（约 1000 字）。其内容包括访谈时间、地点，被访问者的姓名、年龄、性别，创业的动机、经历，如何发现商机，成功的关键因素，创业中遇到的困难及解决对策，获得的外部帮助，重点是创业者的经验、体会、教训等。

各组学生在进行采访时要与创业者合影，并把采访的最深感受与心得制作成 PPT，或者以视频、电子杂志的形式在课堂上与大家分享。

学习单元三

从边做边学走向精益创业

如果你要成功，你应该朝新的道路前进，不要跟随被踩烂了的成功之路。

——约翰·洛克菲勒

案例及分析

▶ 案例

1．托马斯·阿尔瓦·爱迪生：爱迪生是一位著名的发明家，拥有白炽灯、留声机等众多重要发明。爱迪生通过边做边学的方式，不断尝试和改进，最终取得了巨大的成功。他没有接受过正式的高等教育，但通过自己的努力和实验，成了历史上最伟大的发明家之一。

2. 史蒂夫·乔布斯：乔布斯是苹果公司的创始人之一，他通过边做边学的方式，不断推动技术和设计的创新。他在年轻时就开始学习编程和电子设备，通过不断的实践和尝试，逐渐掌握了相关的知识和技能。他的成功在很大程度上得益于他的边做边学的学习方式。

3. 沃伦·巴菲特：巴菲特是一位著名的投资家，他通过边做边学的方式，在投资领域取得了巨大的成功。他在年轻时就开始学习投资知识，并通过实践不断积累经验。他的投资策略和方法都是在实践中不断摸索和完善的，最终形成了自己独特的投资哲学。

这些成功的例子表明，边做边学是一种非常有效的学习方式。通过实践，人们可以更好地理解和掌握新知识和技能，同时也可以发现自己的不足和需要改进的地方。因此，边做边学不仅可以帮助人们取得成功，还可以帮助人们不断进步和提高自己的能力。

当前，时代在快速发展，每个人都在不断追求成长和进步。而边做边学也成了很多人的选择，只有不断地将所学知识与实践相结合，才能够更好地适应变化、提高工作能力、锻炼思维能力及不断优化自己。在未来的学习和工作中，边做边学的理念将愈发地被重视和普及，事实已经证明：边做边学确实是最快捷的成长方式。

一、边做边学的意义

1. 边做边学让信息快速落地，这一点在当今时代尤为重要。如今，科技发展极快，信息更新迅速，人们需要学习的知识越来越多，但单纯的理解和记忆并不足以让人们胜任所做的工作。边做边学就是将所学知识与实际工作相结合，在实践中不断提升自己的技能。这样，知识很快能够转化为实践能力，不仅可以应对当前工作，还能预测未来工作发展，提前做好准备。

2. 边做边学可以帮助人们更快地适应变化。现在无论是企业还是社会，都面临着日新月异的变革，需要及时适应。但单纯地通过理论学习得到的知识，却未必能很好地适应变化。而边做边学可以让人直接把所学知识运用到实践中，面对变化时能够更快地反应和调整。这样就能够更快地把握机遇，避免遇到挑战时束手无策。

3. 边做边学能够更好地锻炼人的思维能力。只有将所学的知识运用到实践中，才能更好地发现知识中的逻辑、规律和漏洞。因此，边做边学就是在不断地锻炼和提升自己的思维能力，更好地发挥分析问题、解决问题和创新的能力。这样，不仅能够适应眼前的工作，也能够更好地为未来的工作做好准备。

4. 边做边学能够通过实践得到反馈，更好地优化自己。在工作中，总会遇到各种困难和问题，而边做边学就能够让人及时发现和解决这些问题。这样一来，就可以不断地优化自己的方式方法，提高工作效率和工作质量。同时，在实践中还能够发现自己的不足和短板，及时补充和完善。

总之，边做边学是最快捷的成长方式。在未来的学习和工作中，边做边学的理念将愈发地被重视和普及。

很多创业者在创业开始之前，准备做的第一件事就是打听什么项目好做，什么东西能赚钱，做多大的生意比较好，没有经验怎么办等。诸如此类的问题比比皆是，他们在网上搜索，询问周边朋友和亲戚，就怕自己没选好，后面会亏本或者失败。

这些人往往需要很久的时间做准备工作，80%的人会在准备期间逐渐失去创业的信心，而剩下的20%的人，则会快速完成初期的咨询和考察，然后迅速开始自己创业的活动。

所以在创业道路上，速度是关键，要抢占先机而不是等完全准备好再去创业，那时候为时已晚。

二、边做边学的策略和建议

1. 明确创业愿景和目标

创业者需要明确自己的创业愿景和目标。这将帮助创业者在创业过程中保持方向，并为你的决策提供指导，将目标细化为具体的任务和行动计划，确保学习和实践有针对性和目标导向性。同时，明确的目标也有助于团队形成凝聚力和动力。

2. 制订灵活的计划

在创业初期，制订一个灵活的计划是非常重要的。这个计划应该包括创业者的商业模式、市场定位、产品开发、营销策略等关键要素。同时，计划需要有足够的灵活性，以便根据市场反馈和实际情况进行调整。

3. 快速试错和迭代

"边做边学"的一个关键方面是快速试错和迭代。创业者应该勇于尝试新的想法和方法，即使这意味着可能会失败。每次失败都是一个学习的机会，通过分析失败的原因并据此调整策略，创业者可以不断改进自己的业务。

4. 持续学习和发展

创业是一个不断学习和成长的过程。创业者应该保持好奇心和开放心态，积极学习新的知识和技能，无论是通过阅读书籍、参加研讨会、观看网络课程还是与其他创业者交流，都要不断更新知识，跟上最新的发展和趋势。在实践中遇到新的问题和挑战时，要积极主动地寻求新的知识和方法，提升自己的学习能力。在实践中及时进行反思和总结，思考自己的行动和结果，分析其中的成功和失败之处，找出改进和提升的方向。还可以借助记录、笔记、反馈等工具来帮助自己进行反思和总结。

5. 建立关系网络

建立一个强大的关系网络对于边做边学至关重要。这可能包括导师、行业专家、同行创业者、投资者和其他利益相关者。这些关系网络可以提供宝贵的建议、资源和反馈，帮助你在创业过程中做出更明智的决策。

6. 关注客户需求

始终关注客户的需求和反馈是边做边学的另一个重要方面。通过与客户互动，了解他们的需求和痛点，创业者可以更好地调整产品或服务，以满足市场的需求。

7. 保持适应性和灵活性

市场和技术的变化非常快，创业者需要保持高度的适应性和灵活性，以便能够快速响应外部环境的变化。这不仅包括对产品和服务的调整，也包括对商业模式和运营策略的更新。

通过实施这些策略，创业者可以在边做边学的过程中不断进步和成长，最终实现自己的创业目标。创业之路虽然充满挑战，但通过不断学习和实践，每一个创业者都有机会实现自己的梦想。

案例及分析

▶ 案例

学与做同步

有两个朋友想要学习包饺子，一起选择了拜师学艺。

第一位朋友：整天就是围绕师父转，师父走到哪，他就跟到哪。师父和面他跟着，师父擀皮他看着，师父炸料、调馅他瞅着，不是看着就是瞅着，要么就是记录配方，要么就是记录比例……从早到晚就是学，就是看，就是记。他的目的很简单，就是把和面、擀皮、调馅、包饺子的这些东西都学会，最后再开始自己尝试。

第二位朋友：他和第一位朋友完全不同，每做一步都是有目的的。今天看到师父调馅，他就认真地去学习和观察，最后还会向师父请教自己不懂的问题。回去之后，他就会按照师父的方式和方法去尝试。把自己做出来的东西让师父去尝，直到师父满意了之后，他再学其他的。如果师父不满意，他就会询问如何改进和调整，直至师父满意。

同时开始拜师学艺，同时离开了师父，第一位朋友还没有自己尝试过，第二位朋友已经完全掌握了方法和技术。两者之间的差距，立刻就显示出来了。

大家一定要记住，想要去做一件事，一定不是先学会了再去干。因为在没有实操的情况下，无法全盘掌握这件事的逻辑，无法摸清其中的门道，更别提其中方法、模式和思路。

边做边学才能让自己快速成长。

无论你学多久，只要你没去做，你就不会遇到任何的问题和困难。只要你开始做，所有的问题和困难就会在实操中展现出来。一边实操，一边想办法解决这些问题和困难，你才能逐步提升和掌握。

三、精益创业概述

精益创业是硅谷流行的一种创业方法论，它的核心思想是，先在市场中投入一个极简的原型产品，然后通过不断的学习和反馈，对产品进行快速迭代优化，以期适应市场。

以客户为中心，尊重客户价值，防止服务不足与服务过度，杜绝无价值的经济活动，并致力于持续改进、追求卓越、尽善尽美，不断优化投入产出，精益创业是一种消除浪费、提高速度与提升效率的方法。因此，创业都必须树立精益思想。

四、精益创业的优点

1．快速。精益创业模式下，所有的创新行为和想法都必须在最短的时间呈现出来，省略一切暂不重要的其他功能，只把极简的核心功能展现给客户。无论成功还是失败，都能够以最快的速度获得反馈。

2．低成本。过往"十年磨一剑"式的长期研发，其最终成果推出后，有可能发现花费了大量人力、物力和时间开发出的产品，并不是客户所需要的。这种巨大的浪费除了会给创业者、企业带来巨大的经济损失，还严重打击团队的士气，导致不少团队成员纷纷出走。而精益创业所采用的"频繁验证并修改"的策略，确保不会在客户认可之前投入过高的成本。

3．高成功率。虽然创新充满风险且成功概率低，但也不是没有套路可循。按照精益创业的模式，从"最小可用品"出发，过程中每一次迭代都可以寻找客户进行试用，了解客户对产品的看法，寻找产品的不足和客户希望增加甚至修改的功能点。当遵循客户的意见进行开发后，项目组的不断纠偏的成果就是产品越来越符合客户。通过持续的"测试——调整"及快速迭代，创新的成功率能够大大提升。

五、如何做到精益创业

1．创业之前先学习，提升创业的认知

新创立的企业，要有一个清晰的、明确的成长路径。在开始创业之前，就对新创企业的当下和未来的商业前景有清晰的认知，看清新创企业当下和未来的商业前景。

2. 以最短的时间，收集更精确的顾客需求数据

产品最终是为人而服务的，也只有真正使用过产品的人才能给产品最真实的反馈。企业的成功不是闭门造车，而是学会如何解决顾客的问题。通过小范围试错，根据顾客的需求反馈来优化产品。

3. 建立好的商业模式

什么样的商业模式让企业更容易获得成功，让企业存活得更长呢？那就要看商业模式所产生的利润是线性增长还是指数增长。线性增长是指传统的连锁店，从一家到多家。总之，好的商业模式一定离不开这两个特点：一是边际成本低，二是利润指数增长。

4. 关注有效数据，执行指标从实际出发

有效数据是能帮助企业认识到谁是真正的顾客，顾客真正需要的产品是什么？例如，一些公司为了吸引到投资，往往会做一个漂亮的数据报表，事实上，这些数据注水的成分非常大，并不是真实的。因此，有效数据对于企业的业务发展是非常重要的，通过真实的用户数据来评估产品在用户中的受欢迎程度，产品是否需要改进，应该采用什么样的产品数据指标等。

5. 颠覆式创新，制定品牌战略

颠覆式创新要满足三个原则：第一是稀缺但稳定的资源，第二是开发业务的独立权，第三是与绩效挂钩的个人利益。稀缺性也可以说是差异化，想要在海量的产品中脱颖而出，必须学会取舍，打差异化品牌，以服务20%的人来创造80%的利润。

总之，精益创业是一种有效的创新方法，帮助企业快速适应市场变化，高效实现商业目标。通过以用户为中心、快速迭代和持续改进的实践原则，企业可以不断提升产品体验和市场竞争力，实现快速增长和成功。

案例及分析

案例一

美团

美团是一家以外卖和在线订餐为主业的互联网企业。创始人王兴于2010年创立了美团，通过互联网技术和大数据的运用，将传统的外卖和订餐服务进行了升级和优化。美团通过建立庞大的商家和用户网络，提供了高效便捷的外卖服务，满足了人们对美食的需求。美团的成功在于整合了资源，提供了便利的服务，并通过精准的营销和推广策略，快速占领了市场。

▶ 案例二

小米

小米是一家以智能手机和智能家居为主打产品的互联网企业。创始人雷军于2010年创立了小米，通过互联网和创新的商业模式，打破了传统手机行业的格局。小米通过直销和互联网销售，降低了产品成本，提供了性价比较高的产品，迅速赢得了消费者的青睐。小米的成功在于独特的商业模式和品牌定位，以及对用户需求的深入了解和满足。

在商业模式设计和产品运营上，投资人不比创业者更加高明，他们唯一的优势，就是整天看项目、研究项目，所以能从另一个角度规划战略。他们没有比创业者更懂他们的行业，只能将设想的可能性抛给创业者去思考。虽然在实际执行时许多细节要考虑，但总体上应该更加符合精益创业的思想。

六、从"边做边学"到精益创业

"从边做边学到精益创业"是一个逐渐演进的过程，它强调了不断迭代、持续改进和以客户为中心的商业理念。通过这个过程，创业者可以逐步优化他们的产品或服务，实现快速增长并取得成功。这个过程通常涉及以下关键步骤。

1. 边做边学：这是创业过程的初期阶段，创业者通过实际行动来探索市场、验证想法。他们快速构建最小可行产品，然后将其推向市场以收集反馈。在这个阶段，重点是快速迭代，以便尽快了解哪些方法有效，哪些方法需要改进。

2. 客户反馈：在边做边学的过程中，收集客户反馈至关重要。创业者需要密切关注客户的需求和痛点，以便调整产品或服务以满足他们的期望。通过与客户保持紧密沟通，创业者可以更好地理解市场需求，为下一步的改进提供依据。

3. 数据驱动决策：在收集到足够的客户反馈后，创业者需要利用数据来指导决策。这包括分析用户行为、使用习惯、满意度等数据，以便了解产品或服务的表现。数据驱动决策有助于确保创业者在改进产品或服务时能够做出明智的选择。

4. 持续改进：基于客户反馈和数据分析，创业者需要持续改进他们的产品或服务。这可能涉及优化功能、改进用户体验、提高性能等方面。通过持续改进，创业者可以确保他们的产品或服务始终保持竞争力，满足客户的需求。

5. 精益创业：最后，当创业者通过边做边学、客户反馈、数据驱动决策和持续改进积累了丰富的经验和数据时，他们就可以转向精益创业的方法。精益创业强调通过最小化可行产品快速迭代、快速学习和持续优化来实现快速增长。在这个阶段，创业者需要关注整个商业模式的优化，包括如何降低成本、提高效率、扩大市场份额等。

📋 教学活动

活动一　测试你是否适合创业

当老板不是一件简单的事，你是否适合创业？有多少创业潜力？以下测验可检测你是否适合创业。

以下问题答"是"加一分，答"否"不加分，请统计你所得的分数。

1. 你是否曾经为了某个理想而制订两年以上的长期计划，并且按计划进行直到完成？
2. 在学校和家庭生活中，你是否能在没有父母及老师的催促下，自动地完成分派的工作？
3. 你是否喜欢单独完成自己的工作，并且做得很好？
4. 当你与伙伴们在一起时，你的伙伴是否常寻求你的指引和建议？你是否曾被推举为领导者？
5. 求学时期，你有没有赚钱的经历？你喜爱储蓄吗？
6. 你是否能够专注地投入个人兴趣长达十小时以上？
7. 你是否习惯性地保存重要资料，并且整理得井井有条，以备需要时可以随时查阅？
8. 在平常生活中，你是否热衷于社区服务工作？你关心别人的需要吗？
9. 不管成绩如何，你是否喜爱音乐、艺术、体育等活动或课程？
10. 在求学期间，你是否曾经带领同学完成一项大型活动，如运动会、唱歌比赛、海报宣扬活动等？
11. 你喜欢在竞赛中看到自己表现良好吗？
12. 当你为别人工作时，发觉其管理方式不当，你是否会想出适当的管理方式和建议？
13. 当你需要别人帮助时，是否能自信地要求别人来关心你？
14. 当你需要经济支援，是否也能劝说别人给予你经济支持？你在募款或义卖时，是否充满自信？
15. 当你要完成一项重要的工作时，是否总是给自己足够时间来认真完成，而绝不会让时间虚度，在匆忙中草率完成？
16. 参与重要聚会时，你是否准时赴约？在平常生活中，你有时间观念吗？你是否能充分运用时间？
17. 你是否有能力创造一个环境，使你在工作时能不受干扰，有效率地用心工作？
18. 你交往的伙伴中，是否有很多有成就、有智慧、有目光、有远见、稳重型的人物？
19. 你在社区或学校社团等团体中，是否被认为是受欢迎的人物？
20. 你自认为是个理财小能手吗？当储蓄到一定数额时，你是否能想出好的生财打算，赚取更多的利润?

21. 你愿意为了钱努力工作吗?钱对你重要吗?你是否可以为了赚钱而牺牲个人娱乐?

22. 你有足够的责任感为自己完成的工作负责吗?你是否总是单独挑起责任的担子,彻底了解工作目标并认真执行?

23. 你在工作时,是否有足够的耐心与耐力?

24. 你是否能在很短的时间内,结交很多新伙伴?你是否能使新伙伴对你留下深刻的印象?

25. 你是否愿意接受一份充满挑战、变化、多样性,甚至冒险的工作?

答案分析:

1. 0~5 分

你目前并不适合自行创业,应当训练自己工作的技术与专业。

2. 6~10 分

你需要在旁人的指导下去创业,才能增加创业成功的机会。

3. 11~15 分

你特别适合自己创业,但是在"否"的答案中,你必须分析出自己的问题并加以改正。

4. 16~20 分

你独特的特质,足以使你从小项目开始创业,并从管理中获得阅历,成为胜利的创业者。

5. 21~25 分

你有无限的潜能,只要懂得把握时机和运气,你会是将来的创业成功者。

活动二 校园产品营销

策划一场校园产品营销活动,按照 4~6 人一组组织,主要实践以下几部分。

1. 观察校园内哪些商品是学生容易购买的,而且是利润较为稳定的,如卡套(成品可以用来装银行卡、各类小卡片类等)、手机壳(成品可装手机、人民币等)、壁画(成品具有观赏价值,可装饰房间)、小挂件(成品可用来装饰包包等)、抱枕、钱包、书籍杂志等。

2. 确定产品类型后进行组织策划,策划营销方案,组织工作分工,并通过海报、QQ群、抖音、微博、微信、校园广播等学生惯用的媒体平台进行推广。

3. 组织实施,面对学生(客户)进行推销,锻炼沟通技巧,提高沟通能力。

4. 过程分析,如果碰到开局不利的情况,产品卖不出去,可能会出现亏本,如何调整自己的心态,锻炼自己的心理素养能力,同时开展各环节的分析总结,找到问题所在,制定整改措施,并组织实施。

学习单元四

从盈利至上走向利群创业

> 企业发展就是要发展一批狼。狼有三大特性：一是敏锐的嗅觉；二是不屈不挠、奋不顾身的进攻精神；三是群体奋斗的意识。
>
> ——任正非

许多年轻人有自己的梦想和追求，创业是实现这些梦想的一种方式。他们可能有一个创新的想法或解决方案，希望通过创业将其变为现实。

案例

玻璃大王创业史

曹德旺，福建省福州市福清人，福耀玻璃工业集团股份有限公司创始人、董事长。全国工商联咨询委员会委员、中国侨商联合会荣誉会长、福建省慈善总会名誉会长。

1984年，一个偶然机会，曹德旺到武夷山游玩，顺手给妈妈买下拐杖，当他肩扛拐杖准备坐进雇来的小轿车时，司机训斥道："别碰坏玻璃，几千块钱一块。"

曹德旺觉得这个汽车玻璃有100元就足够，但司机的话还是引起他的好奇。回到福州后，他到几家汽修厂考察，发现情况确实如此，这让他感到震惊：中国汽车玻璃市场被日本和欧美的企业垄断，在这个利润丰厚的市场，中国竟连一个有影响力的品牌都没有。曹德旺认为，中国人应该有自己的玻璃品牌，其他人不做，他来做。

1985年，曹德旺将房子抵押贷款，入股高山异型玻璃厂并持50%的股份，这是福建省公有制企业第一次与私人合资。曹德旺开始将目光投向全国市场，凭着在"社会大学"中打拼、锤炼出的洞察力，他看到了社会改革的浪潮。

1986年，在曹德旺40岁时，他开始筹备生产中国人自己的汽车专用玻璃，转产汽车维修玻璃。资金可以借贷，但没有技术、人才，曹德旺便想方设法从全国各地挖技术、搞图纸，从上海耀华玻璃厂买来一套旧的汽车玻璃设备图纸，他马上比着图纸建电炉、搞熔炼。有人从外地来找曹德旺，将他从工人堆里拉出来，他一身全是烟灰油污。最后，汽车玻璃试产成功，产品信息通过业内渠道发布出去，当年盈利70万元，曹德旺挖到第一桶金。1987年，曹德旺将工厂从高山镇搬到福清，联合11个股东集资627万元，成立福耀玻璃有限公司。

一、企业"盈利至上"产生的问题

近年来,随着科技的飞速发展和消费模式的升级,互联网经济异军突起,为创业者提供了前所未有的机遇。据统计,从 2012 年到 2022 年,中国数字经济规模从 11 万亿元增长到 50.2 万亿元。其中,在互联网、网民数量、人工智能发展等方面领跑全球。在这一背景下,创业者凭借敏锐的市场洞察力和创新思维,纷纷投身其中,寻求突破和成长。成功的创业故事屡见不鲜,进一步激发了全社会的创业热情。

企业盈利需要时间和耐心,需要持续的努力和改进。企业通常以利润作为考核和评价企业业绩的核心目标,一切以利润为出发点。对企业而言,企业只要能实现盈利,似乎无须顾及其他问题。企业的经营目标及财务管理目标显得非常简单明了,这就是所谓的"盈利至上"。

这种"盈利至上"的财务管理理念,容易导致企业忽视社会责任和员工福利等方面的问题,只关注自身的经济利益。随着社会的进步,这种只关注短期利益的做法已经难以适应社会发展的需要。

二、"利群创业"才是企业发展的最终指向

"利"具有好处、顺利、吉利、锋利等含义,"群"则寓意众多、朋辈、集体、合群、联系、会和等。因此,"利群"可以理解为利于群众、利于集体等积极向上的含义。

"利群创业"的核心思想是"以人为本",注重员工的成长和发展,关注消费者的需求和体验,积极参与社会公益事业,推动社会的可持续发展。

从"盈利至上"走向"利群创业",是一个企业或组织在经营理念和发展战略上的重要转变。这一转变意味着企业不再仅仅追求短期的经济利益,而是更加注重企业长远的社会价值和可持续发展。"利群创业"则是一种更加注重社会价值和社会责任的经营理念。它强调企业在追求经济利益的同时,要兼顾社会责任、环境保护、员工福利等多方面的因素,为社会的繁荣和进步做出贡献,实现经济效益和社会效益的双赢。

三、从"盈利至上"走向"利群创业"的转变

从"盈利至上"走向"利群创业"的转变需要企业在多个方面进行调整和创新。

1. 企业需要转变经营理念,从只关注短期利益转变为注重长远的社会价值和可持续发展。

2. 企业需要优化管理模式和运营流程，注重员工的成长和发展，提高员工的工作积极性和创造力。

3. 企业需要加强与消费者的沟通和互动，关注消费者的需求和体验，积极参与社会公益事业，树立良好的企业形象和品牌价值。

4. 企业需要构建一种全新的企业文化。这种企业文化应该以人的需求和发展为核心，注重员工的参与和创新，倡导诚信、合作和共赢的价值观。在这样的企业文化下，员工不再是被动的执行者，而是成为企业发展的重要推动力量。

5. 企业还需要制定可持续的发展战略，将社会责任和环境保护纳入企业发展的整体规划。这包括采用环保的生产方式，推动资源的循环利用，减少废弃物的产生和排放；积极参与社会公益事业，为弱势群体提供帮助和支持；与合作伙伴建立长期稳定的合作关系，共同推动产业链的可持续发展。

6. 在"利群创业"的理念下，企业还需要加强与消费者的互动和沟通，深入了解消费者的需求和期望，不断提升产品和服务的质量和水平。只有这样，企业才能赢得消费者的信任和支持，实现社会效益和经济效益的双赢。

总之，从"盈利至上"走向"利群创业"是一个企业或组织在经营理念、企业文化和发展战略上的全面升级。这种转变不仅有助于提升企业的竞争力和可持续发展的能力，也有助于推动社会的繁荣和进步。因此，企业应该积极拥抱这种转变，不断探索和实践"利群创业"的新模式和新路径。

教学活动

活动一　说出你的选择

创业并非适合每个人，但如果认定了一条创业之路，必须要有勇气、决心、毅力并坚持下去。在创业时，应该充分考虑自己的兴趣、能力、资源和风险承受能力，从而做出明智和决策。

1. 如果你创办的企业发展困难，你会坚持下去还是放弃？为什么？

2. 你认为创办一家成功的企业除了能实现自己的梦想，还给社会带来哪些影响？

活动二　寻找身边的 App

1. 寻找身边曝光率高的 App，评论它的优缺点。

2. 发散你的思维，设想便民且还未开发的 App，给企业提供参考。

模块四

沉浸创业体验的虚拟创业

学习单元一
虚拟创业平台概览

虚拟创业平台为创业者提供了一个便捷、高效的创业平台，帮助他们实现创业梦想。

在虚拟创业平台上，企业可以通过上传商业计划书、展示企业介绍和发展成果等方式，吸引潜在投资者的关注。而投资者则可以通过查看平台上的企业信息，筛选出与其投资偏好相符的项目，并与企业进行线上沟通和洽谈。平台也可以提供一些辅助工具，如投资评估、尽职调查等，帮助投资者更好地了解和评估项目的潜力和风险。通过虚拟创业平台的投融资对接，企业和投资者可以更便捷地进行合作，实现互利共赢。虚拟创业平台在创业领域扮演着重要的角色，为创业者提供了丰富的资源和支持，对创业者的成长和项目的成功具有重要意义。

案例及分析

▶ 案例一

虚拟创业平台

AngelList 是一个虚拟创业平台，致力于连接初创公司和投资人。该平台通过在线展示项目、资源对接、投融资服务等功能，帮助创业者找到合适的投资机会，促进项目的融资和成长。AngelList 的成功之处在于其强大的投资人网络、精准的项目匹配算法及高效的沟通工具，为创业者和投资人提供了便捷的合作平台。

Kickstarter 是一个众筹平台，为创业者提供展示项目、筹集资金的机会。创业者可以在平台上发布项目信息、设定筹款目标，并吸引支持者进行捐赠。Kickstarter 的成功之处在于其开放的众筹模式、独特的项目展示形式及广泛的用户群体，为创业者提供了一种新颖的融资途径。

Udemy 是一个在线学习与教学平台，为创业者提供了丰富的创业培训课程和学习资源。创业者可以在平台上学习创业知识、技能，提升自己的创业能力。Udemy 的成功之处在于其丰富多样的课程内容、专业的讲师团队及灵活的学习模式，为创业者提供了个性化、高效的学习体验。

一、虚拟创业平台的定义

虚拟创业平台是指基于互联网和数字技术建立的在线平台，旨在为创业者提供各种创业服务、资源和支持的虚拟化环境。这些平台通常包括了项目展示、资源对接、导师指导、投融资服务等功能，为创业者提供全方位的创业支持。

（一）对于创业者来说，虚拟创业平台可以提供以下服务和资源

1．项目展示。创业者可以在虚拟创业平台上展示自己的创业项目，包括项目介绍、商业计划、团队成员等，以吸引潜在投资人或合作伙伴的关注。

2．资源对接。虚拟创业平台通过平台功能，帮助创业者与投资人、合作伙伴、供应商等进行资源对接，促进项目的合作和发展。

3．导师指导。虚拟创业平台通常邀请了一批成功的创业者、行业专家作为导师，为创业者提供指导、建议和经验，帮助他们规避风险，提升创业成功率。

4．投融资服务。虚拟创业平台提供了投融资服务，包括项目融资、风险投资、天使投资等，帮助创业者获取资金支持，推动项目的发展。

5．培训和学习资源。一些虚拟创业平台还提供创业培训课程、在线学习资源等，帮助创业者提升创业技能和知识水平。

（二）对于创业者来说，虚拟创业平台可以提供以下帮助

1．拓展资源。通过虚拟创业平台，创业者可以获取更多的资源和支持，包括资金、人才、技术等，帮助他们实现项目的落地和发展。

2．降低成本。相比传统的创业方式，虚拟创业平台可以帮助创业者降低创业成本，提高效率，节省时间和精力。

3．扩大社交网络。虚拟创业平台可以帮助创业者扩大人脉和社交网络，与更多的行业人士、投资人、合作伙伴建立联系，促进合作和交流。

4．获取指导。通过虚拟创业平台的导师指导和专业服务，创业者可以获取更多的指导和建议，提升自己的创业能力和竞争力。

总的来说，虚拟创业平台为创业者提供了便捷、高效的创业服务和支持，帮助他们实现创业梦想。

二、虚拟创业平台的特点

虚拟创业平台与传统创业方式相比，具有以下区别和特点。

1．便利性。虚拟创业平台提供在线化的服务和资源，创业者可以随时随地通过网络平

台获取信息、对接资源、展示项目，相比传统创业方式更加便利高效。

2. 全球化。虚拟创业平台具有全球化的特点，创业者可以通过互联网与全球范围内的投资人、合作伙伴、导师等进行交流和合作，拓展市场和资源范围。

3. 在线化。虚拟创业平台通过数字化技术和在线服务，为创业者提供了项目展示、资源对接、投融资、导师指导等一系列服务，实现了创业过程的在线化和数字化。

4. 资源整合。虚拟创业平台整合了各种创业资源，包括资金、人才、技术、信息等，为创业者提供了全方位的资源支持，帮助他们更好地实现创业梦想。

5. 创新性。虚拟创业平台通过创新的商业模式和服务内容，为创业者提供了多元化、个性化的服务和支持，促进了创新创业的发展。

6. 数据驱动。虚拟创业平台通过数据分析和挖掘，为创业者提供市场趋势、用户反馈等数据支持，帮助他们做出基于数据的决策，提高创业的成功率。

7. 社交化。虚拟创业平台通过社交功能和在线互动，促进了创业者之间的交流合作、经验分享，打破了传统创业中的地域限制，建立了更广泛的社交网络。

总的来说，虚拟创业平台相对于传统创业方式更加便利，具有全球化、在线化的特点，通过数字技术和互联网平台为创业者提供多元化的服务和支持，帮助他们实现创业梦想，推动创新创业的发展。

三、虚拟创业平台的运作流程

虚拟创业平台的运作流程如下。

1. 注册账号。创业者首先需要在虚拟创业平台上注册账号，填写个人信息、项目信息等基本资料，并创建个人或团队的创业者资料。

2. 浏览项目。注册账号后，创业者可以查看平台上其他创业者发布的项目，了解不同领域的创业项目、创意和需求，寻找与其兴趣和专业领域相符的项目。

3. 申请资源。创业者可以根据自己的需求和项目情况，在平台上申请资源，包括资金、导师指导、技术支持、市场推广等。申请资源时需要填写详细的申请信息，以便平台进行匹配和推荐。

4. 沟通合作。如果申请资源成功，创业者可以通过平台与资源提供方进行沟通和合作。这包括与投资人、导师、合作伙伴等进行线上会议，讨论项目细节，商讨合作方案等。

5. 实践反馈。在获得资源支持后，创业者可以开始实践项目，并将项目进展、成果、困难等信息反馈给虚拟创业平台和资源提供方。这有助于资源提供方监督项目进展、及时调整策略，并为未来合作提供参考。

6. 评价反馈。完成项目后，创业者和资源提供方可以对合作过程和成果进行评价反馈。这有助于平台改进服务质量、提升用户体验，并为其他创业者和资源提供方提供参考。

整个流程通过虚拟创业平台的在线服务和功能实现，为创业者提供便捷、高效的创业支持和合作机会，帮助他们实现创业梦想，推动项目的成功和发展。

四、未来发展趋势

（一）虚拟创业平台未来的发展趋势，可以从以下几个方面进行讨论

1. AI 技术应用：未来虚拟创业平台可能会更多地应用人工智能技术，包括智能推荐系统、数据分析、自然语言处理等，帮助创业者更精准地匹配资源、优化决策、提升效率。

2. 区块链技术应用：区块链技术的发展将为虚拟创业平台提供更安全、透明、高效的交易和合作环境，促进资金流动、信息共享，增强平台的可信度和稳定性。

3. 全球化合作：虚拟创业平台未来可能会更加强调全球化合作，打破地域限制，促进国际创业资源共享，让创业者能够更便捷地获取全球范围内的资源和支持。

4. 垂直领域深耕：未来虚拟创业平台可能会更专注于特定领域或行业，深耕细分市场，提供更加专业化、个性化的服务，满足不同创业者的需求。

（二）数字化创业在未来的重要性和前景不可忽视，主要体现在以下几个方面

1. 创新创业模式：数字化创业可以带来新的商业模式、产品和服务形式，创造新的市场机会，推动产业升级和创新发展。

2. 降低创业门槛：数字化创业可以降低创业门槛，提供更便捷、更高效的创业支持和资源，让更多人有机会实现创业梦想。

3. 拓展市场空间：数字化创业可以突破地域限制，拓展市场空间，促进跨境合作和交流，为创业者提供更广阔的发展平台。

4. 提升效率和灵活性：数字化创业可以提升创业效率和灵活性，让创业者更快速地响应市场变化、调整策略，实现快速迭代和创新发展。

总的来说，数字化创业在未来将持续发展并成为主流趋势，虚拟创业平台作为数字化创业的重要载体，将在未来发挥更重要的作用，为创业者提供更全面、更便捷的创业支持和合作。

教学活动

通过设计这些案例分析并进行题目讨论，学生可以深入思考虚拟创业平台的各个方面，巩固所学知识，培养分析问题和解决问题的能力，为未来的创业实践和研究打下良好基础。

1. 如何设计一个虚拟创业平台，以实现创业项目的展示、资源对接、导师指导和投融

资服务等功能？分析目前市场上已有的虚拟创业平台，探讨它们的核心功能设计及其对创业者的价值。

2．如何制定一套有效的用户增长策略，吸引更多创业者和投资人使用虚拟创业平台？探讨虚拟创业平台如何建立有效的社区和网络效应，提升平台的用户黏性和活跃度。

3．请分析虚拟创业平台可能面临的风险，如信息泄露、诈骗等，提出相应的风险管理策略和措施。讨论虚拟创业平台如何保护用户数据隐私，建立可信赖的平台口碑。

4．请预测未来虚拟创业平台可能发展的方向和趋势，如人工智能、区块链、全球化合作等对平台的影响。探讨数字化创业对传统创业方式的冲击和影响，以及虚拟创业平台在未来的发展前景。

学习单元二
虚拟创业平台操作流程

学习虚拟创业平台操作流程对于创业者和投资者非常重要，可以帮助他们更有效地进行项目展示、资源获取、投融资服务和社交网络建立。

对于创业者来说：

1．展示创业项目。学习虚拟创业平台操作流程可以帮助创业者有效地展示自己的创业项目，吸引潜在合作伙伴、导师和投资人的关注。

2．寻找资源与合作。通过虚拟创业平台，创业者可以寻找到合适的资源、合作伙伴和投资人，加速项目的发展和实现。

3．投融资服务。了解虚拟创业平台上的投融资服务流程，可以帮助创业者更好地筹集资金，支持项目的实施和扩大规模。

4．社交网络建立。在虚拟创业平台，创业者可以与其他创业者和专业人士建立联系，扩展人脉和获取更多的创业机会。

对于投资者来说：

1．发现优质项目。学习虚拟创业平台操作流程可以帮助投资者更快速、更准确地发现优质的创业项目，降低投资决策的风险。

2．信息透明度。虚拟创业平台提供了丰富的项目信息和数据，投资者通过学习操作流程可以更全面地了解项目的情况，做出更明智的投资选择。

3．参与投融资。了解虚拟创业平台上的投融资服务流程，投资者可以更便捷地参与投资活动，支持有潜力的创业项目。

4. 风险管理。通过虚拟创业平台操作流程的学习，投资者可以更好地了解投资过程中的风险控制和评估方法，提高投资成功率。

虚拟创业平台是指通过互联网和数字技术搭建的在线平台，旨在为创业者提供创业资源、创业信息、创业服务和交流合作的虚拟化环境。虚拟创业平台为创业者提供了一个便捷、高效的创业平台，帮助他们实现创业梦想。

在虚拟创新平台上，企业可以通过上传商业计划书、展示企业介绍和发展成果等方式，吸引潜在投资者的关注。而投资者则可以通过查看平台上的企业信息，筛选出符合其投资偏好的项目，并与企业进行线上沟通和洽谈。平台也可以提供一些辅助工具，如投资评估、尽职调查等，帮助投资者更好地了解和评估项目的风险和潜力。通过虚拟创新平台的投融资对接，可以使企业和投资者更便捷地合作，实现互利共赢。

一、发布创业项目的操作流程

在虚拟创业平台上发布自己的创业项目，是推进创业计划、吸引潜在投资者和合作伙伴的关键一步。接下来，我们将详细阐述在平台上发布项目的一般操作步骤，帮助您有效地展示项目的特色、潜力和吸引力，从而获得更多的关注和支持。

1. 注册账号。首先，您需要在虚拟创业平台上注册一个账号，并进行登录。

2. 创建项目。找到平台上发布项目的入口，一般会有"发布项目"或类似的栏目，点击进入项目发布页面。

3. 填写项目信息。在项目发布页面，您需要填写项目的基本信息，包括项目名称、所属领域、创业团队介绍、项目简介、目标市场、商业模式等。

4. 上传图片和视频。在项目信息填写完毕后，您可以上传与项目相关的图片和视频，并展示项目的特点，以吸引投资者的注意。

5. 填写详细描述。除了基本信息，您还可以填写更详细的项目描述，包括问题解决方案、市场竞争分析、商业计划、团队成员介绍等内容。

6. 设置隐私权限。根据需要，您可以设置项目信息的公开范围，选择公开或私密发布。

7. 提交审核。在确认所有信息填写无误后，点击"提交"或"发布"按钮，将项目信息提交给平台管理员进行审核。

8. 等待审核。平台管理员会对您提交的项目信息进行审核，审核通过后，您的项目将在虚拟创业平台上展示给其他用户。

二、寻求资源与合作

创业者要有效地在虚拟创业平台上寻找到合适的合作伙伴、导师和投资人，推动项目

的发展和实现，可以考虑以下几点。

1. 完善个人资料：确保您的个人资料完整、准确，包括项目介绍、个人经历、技能专长等信息。一个完善的个人资料能够吸引更多关注，提高被投资人浏览的机会。

2. 积极参与平台活动：参与平台上的讨论、分享经验、回答问题等活动，展示您的专业知识和积极态度，吸引潜在合作伙伴、导师和投资人的关注。

3. 定期更新项目信息：及时更新您的项目信息，包括最新进展、里程碑、成果等，让他人了解项目动态，增加投资吸引力。

4. 寻找行业相关人士：利用平台的搜索功能，寻找您所在的行业或领域潜在的合作伙伴、导师和投资人，提高匹配度和成功率。

5. 参加线上和线下活动：平台可能会举办线上讲座、网络研讨会、线下活动等，参与这些活动可以扩大人脉、结识潜在合作伙伴和投资人。

6. 建立良好沟通：与潜在合作伙伴、导师和投资人建立良好的沟通关系，及时回复信息，表达诚意和合作愿望，增加合作机会。

三、投融资服务的操作流程

在虚拟创业平台上进行投融资操作，通常涉及发布融资需求、查看投资项目和进行投资等流程。

（一）发布融资需求

1. 登录虚拟创业平台账号。首先，使用您的注册账号登录到虚拟创业平台。

2. 导航至融资需求发布页面。在平台首页或相关菜单中，找到并点击"发布融资需求"或类似的选项。

3. 填写融资需求信息。在发布页面，您需要填写详细的融资需求信息，包括融资额度、融资用途、项目介绍、预期回报等。确保信息准确、完整，并突出项目的亮点和潜力。

4. 上传相关材料。根据需要，上传商业计划书、财务报表、团队介绍等相关材料，以便投资者更好地了解您的项目。

5. 提交并审核。完成填写和上传后，提交您的融资需求。平台会进行审核，确保信息的真实性和合规性。

（二）查看投资项目

1. 浏览投资项目列表。在虚拟创业平台上，您可以浏览各类投资项目的列表。根据项目类型、行业、地域等条件进行筛选，找到符合您投资兴趣的项目。

2. 查看项目详情。点击进入感兴趣的项目详情页面，仔细阅读项目介绍、团队信息、财务数据等内容。同时，注意查看项目的融资进度和投资者评价，以便更全面地了解项目情况。

3. 联系项目负责人。如果您对某个项目感兴趣，可以通过平台提供的联系方式与项目负责人取得联系，进一步了解项目细节。

（三）进行投资

1. 确定投资意向。在充分了解和评估项目后，确定您的投资意向和金额。

2. 进行投资操作。根据平台的指引，选择投资方式（如直接投资、参与众筹等），并按照平台要求完成投资操作。这可能涉及填写投资信息、支付投资款项等步骤。

3. 签署投资协议。在投资完成后，根据平台规定，您可能需要与项目方签署投资协议，明确双方的权利和义务。

4. 跟踪投资项目。作为投资者，您可以在平台上跟踪您所投资项目的进展和动态，包括项目进展、融资情况、回报情况等。

四、用户反馈与评价

在撰写评价和建议时，要注重言辞得体、内容有力，帮助他人改进项目，提升创业成功率。需要注意以下几点。

1. 客观公正。评价时要客观、公正，避免主观偏见和情绪干扰，以事实和数据为依据进行评价。

2. 具体明晰。评价内容要具体、明晰，指出项目的优点和不足之处，提供有建设性的意见和建议。

3. 尊重创业者。在表达意见和建议时要尊重创业者的努力和创意，避免使用贬低或攻击性语言。

4. 提供解决方案。评价时不仅要指出问题，还要提供解决方案和改进建议，帮助创业者改进项目并提升价值。

5. 分享经验和见解。结合自身经验和见解，给出针对性的建议，让评价更具参考性和可操作性。

6. 建立互动。鼓励创业者与评价者互动，进一步探讨和交流，共同促进项目的成长和改进。

教学活动

按照虚拟创业平台操作流程进行网上注册。

学习单元三
虚拟创业平台学习评价

虚拟创业平台学习评价首先可以帮助学习者了解自己在虚拟创业平台上的学习成果和发现不足之处，从而有针对性地改进和提升自己的能力。其次，教师和平台开发者可以根据评价结果，了解学习者的需求和困难，进而优化教学内容和平台功能，以提高教学质量。再次，这些评价可以客观地衡量学习者在虚拟创业平台上获得的知识、技能和经验，为学习者的自我评估和未来发展提供依据。最后，评价有助于激发学习者的创新意识和竞争意识，鼓励他们在创业实践中不断探索和尝试，培养创新精神和创业能力。

良好的学习评价可以为学习者在就业市场上增加竞争力，同时证明他们具备一定的创业知识和实践能力。对虚拟创业平台进行评价，有助于平台发现问题、改进服务，从而吸引更多用户并实现可持续发展。

综上所述，虚拟创业平台学习评价对于学习者、教师、平台开发者及整个创业教育领域都具有重要意义，它能够促进学习效果的提升、教学的改进和平台的发展。

一、学习评价的基础知识

（一）学习评价的定义及目的

虚拟创业平台学习评价是指对创业者在虚拟创业平台上的学习过程和成果进行评估和衡量的过程。通过评价，了解创业者在平台上的学习效果、技能提升、创新能力等方面的表现，为创业者提供反馈和指导，帮助他们改进和发展。

学习评价的目的主要包括以下几个方面。

1. 了解学习效果。通过评价，了解创业者在虚拟创业平台上的学习成果，包括知识掌握、技能提升、创业能力发展等，为教学改进提供依据。

2. 促进自我反思。帮助创业者反思自己的学习过程，发现不足之处，从而调整学习策略，提高学习效果。

3. 提供反馈与指导。教师可以根据评价结果，给予创业者具体的反馈和指导，帮助他们更好地发展创业能力。

4. 改进教学质量。评价结果可以为教师改进教学内容和方法提供参考，从而提高教学质量。

5. 评估平台效果。了解虚拟创业平台的有效性和适用性，为平台的优化和改进提供建议。

6. 激励学习动力。适当的评价可以激励创业者积极参与学习，提高学习动力和兴趣。

（二）学习评价的类型和方法

1. 学习评价的类型

（1）形成性评价：在学习过程中进行的评价，旨在及时反馈创业者的学习进展，帮助他们改进。

（2）总结性评价：在学习结束后进行的评价，用于评估创业者的最终学习成果。

（3）自我评价：让创业者对自己的学习进行评价，培养自我反思和自我管理能力。

（4）相互评价：创业者之间相互评价，促进合作学习和团队协作能力的发展。

（5）教师评价：教师对创业者的学习表现进行评价，提供专业指导和建议。

2. 评价方法

（1）任务完成情况评估：评估创业者在平台上完成各项任务的质量和效率。

（2）项目成果评估：对创业者的创业项目成果进行评估，如商业计划书、产品设计等。

（3）学习活动参与度评估：观察创业者在平台上的参与程度，如讨论、交流等活动。

（4）在线测试：通过在线测试评估创业者对知识的掌握程度。

（5）案例分析：要求创业者分析实际案例，评估他们的分析和解决问题的能力。

（6）小组汇报：创业者以小组形式进行汇报，展示学习成果和经验。

（7）个人陈述：让创业者自我陈述在平台学习中的收获和成长。

（8）问卷调查：收集创业者对平台和学习活动的反馈意见。

在实际应用中，可以根据具体的学习目标和虚拟创业平台的特点，选择合适的评价类型和方法。综合运用多种评价方法可以更全面地了解创业者的学习情况，为教学改进提供有力支持。同时，及时反馈评价结果给创业者，有助于他们更好地调整学习策略，提高学习效果。

二、学习评价指标

（一）虚拟创业平台学习评价指标

1. 学习成果：评估创业者在平台上学到的知识、技能和创业能力，如商业计划书的质量、市场调研的深度、创新思维的展现等。例如，在某虚拟创业平台上，李明需要制订一份详细的商业计划。评价指标包括计划的完整性、可行性、创新性等方面。通过对创业者提交的商业计划进行评估，可以了解他们在学习过程中对商业概念的理解和应用能力。

2. 学习参与度：考查创业者在平台上的活跃程度，包括登录频率、参与讨论的次数、任务完成的及时性等。学习参与度反映创业者在平台上的积极程度和参与程度。例如，李明在虚拟创业平台的项目讨论区积极发表观点，并积极参与团队协作，这是学习参与度高的体现。

3．团队合作能力：评价创业者在团队项目中的合作精神、沟通能力。例如，观察创业者李明在团队项目中是否能够有效地协调团队成员、解决团队冲突等，以此来评估他的团队合作能力。

4．问题解决能力：观察创业者在面对创业挑战时的分析问题、制定解决方案和执行能力。例如，创业者李明在产品设计或市场营销策略方面提出了新颖的想法，这展示了他的创新能力。

5．创新能力：衡量创业者的创新思维和创造力，如提出独特的商业模式或产品设计。例如，创业者李明在项目执行过程中遇到了困难，但通过自己的努力找到了解决方案，这体现了他较强的问题解决能力。

6．自我评估与反思：鼓励创业者对自己的学习过程进行反思和自我评估，了解自己的进步和不足。例如，要求创业者撰写学习总结或反思报告，来评估他们的自我评估与反思能力。

7．教师评价：教师根据创业者的表现，给予综合的评价和建议。例如，通过在线测试或作业，评估创业者对特定知识领域的理解和应用。

8．平台使用熟练度：评估创业者对虚拟创业平台各种功能的掌握和运用程度。例如，通过在线测试或作业评估创业者对特定知识领域的理解和应用。

9．成长与进步：比较创业者在不同阶段的学习表现，了解他们的成长和进步情况。例如，对比创业者在项目初期和后期的表现，观察他们在商业计划完善、团队协作等方面的进步。

10．风险管理能力：评估创业者在面对不确定性和风险时的识别、评估和应对能力。例如，观察创业者在决策过程中是否考虑到潜在风险，并采取相应的措施来降低风险。

11．行业洞察力：考查创业者对所选择创业领域的了解程度和对行业趋势的把握能力。例如，通过创业者对行业的分析和对竞争对手的研究，评估他们的行业洞察力。

12．资源整合能力：评价创业者在整合各种资源（如人力、财务、技术等）以推动项目进展方面的能力。例如，观察创业者是否能够有效地利用平台提供的资源，以及是否能够主动寻找外部资源。

13．社会责任感：考查创业者在创业过程中对社会、环境等方面的责任意识。例如，评估创业者的项目是否具有可持续性和社会价值。

14．领导力潜力：关注创业者在团队中的领导潜力，包括团队激励、目标设定和决策能力等。例如，观察创业者在团队项目中是否能够发挥领导作用，带领团队取得良好的成果。

15．商业伦理意识：衡量创业者在商业活动中对道德和伦理问题的认知和处理能力。例如，评估创业者在商业决策中是否注重诚信和合法经营。

16．学习能力：考查创业者在虚拟创业平台学习过程中，对新知识的吸收和应用能力。例如，通过创业者在解决新问题或应对新挑战时的表现，来评估他们的学习能力。

17．抗压能力：了解创业者在面对压力和挫折时的应对能力和心理韧性。例如，观察创业者在项目遇到困难时，是否能够保持积极的态度和坚持不懈的努力。

通过结合具体案例，这些评价指标可以更加具体地展示创业者在虚拟创业平台上的学习效果，帮助教师和创业者更好地了解学习情况，为进一步的学习和改进提供依据。同时，根据实际情况和学习目标的不同，评价指标可以进行适当的调整和补充。

（二）具体的虚拟创业平台学习评价指标

1．项目完成情况：评价创业者是否按时完成项目任务，包括项目的质量、完整性和创新性等方面。

（1）完成时间：创业者是否在规定时间内完成项目。

（2）质量评估：根据项目的成果质量，如商业计划书的逻辑性、市场调研的深度等进行评价。

（3）创新程度：考查创业者在项目中提出的创新想法和解决方案。

2．团队协作能力：评价创业者在团队项目中的合作能力和沟通效果。

（1）团队成员评价：通过队友对创业者的合作态度、沟通能力等方面的评价来衡量。

（2）团队成果贡献：评价创业者对团队成果的贡献程度。

3．商业知识运用：考查创业者对商业知识的理解和应用程度。

（1）理论测试：通过在线测试或作业评价创业者对商业知识的掌握情况。

（2）实际应用：观察创业者在商业模拟或真实项目中的知识运用能力。

4．问题解决能力：衡量创业者在面对问题时的分析和解决能力。

（1）问题解决方法：创业者是否能够提出合理的解决方案并付诸实践。

（2）应变能力：在面对意外情况时，创业者的应对能力和调整策略的能力。

5．自我学习能力：关注创业者的自主学习和进步情况。

（1）学习计划：创业者是否制订并执行了有效的学习计划。

（2）学习资源利用：考查创业者对平台提供的学习资源的利用效率。

6．市场分析能力：评价创业者对市场的调研和分析能力。

（1）市场调研报告：评价创业者市场调研的全面性和准确性。

（2）市场趋势判断：创业者对市场趋势的预测和判断能力。

7．创新思维能力：考查创业者的创新意识和创造力。

（1）创意提出：创业者在项目中提出的新颖创意和独特见解。

（2）思维活跃度：通过创业者的讨论参与度、问题提出等方面来评价思维活跃度。

8. 风险评估能力：了解创业者对风险的识别和应对能力。

（1）风险识别：创业者是否能够准确识别项目中的潜在风险。

（2）风险应对策略：评价创业者提出的风险应对措施的合理性。

这些评价指标案例可以根据具体的虚拟创业平台和学习目标进行调整和细化，以确保评价的有效性和可操作性。在实际应用中，可以结合定量和定性的方法进行评价，如评分、评语、案例分析等。同时，及时给予创业者反馈，帮助他们了解自己的学习情况并不断改进。

这些额外的评价指标可以更全面地评价创业者在虚拟创业平台上的综合表现，帮助他们发现自身的优势和不足，进一步提升创业能力和综合素质。当然，具体选择哪些指标应根据虚拟创业平台的特点和学习目标进行调整和确定。

三、虚拟创业平台学习评价的实践应用

（一）制订个人学习目标和计划

1. 学生在参与虚拟创业平台学习之前，应明确自己的学习目标，如掌握特定的创业技能、提升商业敏锐度等。

2. 基于学习目标，学生可以制订具体的学习计划，包括完成特定课程、参与实践项目的时间安排等。

（二）应用评价指标进行自我监测

1. 虚拟创业平台通常会提供一些评价指标，如项目进展、业绩数据、团队合作效率等。学生可以利用这些指标来监测自己的学习进度和表现。

2. 设定定期的自我评估时间点，对比实际数据和预期目标，及时发现自己的优势和不足。

（三）根据评价结果进行改进和调整

1. 根据自我监测的结果，学生可以制定改进策略，如加强某一方面的技能培训、优化项目执行方案等。

2. 若发现学习计划不合适，学生应及时调整，确保更有效地提升自己的学习效果。

3. 积极寻求平台上的导师或其他学习者的反馈，以获取更多的改进建议。

通过以上实践应用，学生可以更好地利用虚拟创业平台，提升学习效果，为未来的实际创业做好准备。同时，教师或平台管理者也可以提供相应的指导和支持，帮助学生更好

地实施这些实践应用。

教学活动

案例一：拼多多——电商的佼佼者

拼多多是中国的一家电商平台，成立于2015年，总部位于上海。它以团购和社交电商为主要模式，通过低价商品和社交分享吸引用户。2024年3月20日，拼多多发布2023年四季度及全年业绩报告。数据显示，2023年第四季度，拼多多实现营收889亿元，同比增长123%；净利润233亿元，同比增长146%。2023年全年，拼多多营收为2476亿元，同比增长90%；净利润600亿元，同比增长90%。

问题： 利用学习评价分析拼多多成功的原因。

案例二： 抖音是一款帮助用户表达自我、记录美好生活的短视频平台。它于2016年9月正式上线，是一个帮助用户创造丰富多样的视频并与他人分享的社交媒体平台，在全球范围内拥有数亿甚至数十亿的用户。

问题： 利用学习评价分析抖音成功的原因。

学习单元四
虚拟创业方案示例

虚拟创业方案旨在通过利用虚拟创业平台模拟项目的完整创业过程，帮助创业者深入了解相关行业的市场需求、技术支撑、运营管理等方面的知识。借助虚拟创业平台提供的资源进行整合和评估，以增强线上创业的互动性和便利性，提升创业者和投资者的用户体验。同时，通过虚拟创业平台，创业者能够积累宝贵的创业经验，为将来的实体创业提供有益的参考和借鉴。

案例

李明是一位对畜牧业充满热情的创业者，他发现了饲料加工市场的潜力，并决定创立一家饲料加工企业。结合虚拟创业平台的特点，他利用虚拟创业平台尝试开展饲料加工业务，并利用平台分析了他在饲料加工创业过程中可能面临的挑战，依托虚拟创业平台找到相应的解决策略。

一、虚拟创业平台服务与支持

1. 市场分析工具：平台提供饲料加工行业的市场分析数据，包括市场规模、增长趋势、消费者需求等，帮助创业者把握市场机遇。

2. 创业计划模拟：创业者可以在平台上制订饲料加工项目的创业计划，并通过模拟功能预测和评估计划的可行性。

3. 技能培训与资源对接：平台提供饲料加工相关的技能培训课程，同时整合行业资源，为创业者提供技术支持、原料采购渠道、销售市场等资源对接。

4. 财务管理与风险评估：平台协助创业者进行财务规划和风险管理，确保项目在模拟过程中能够稳健运营。

二、虚拟创业方案实施步骤

1. 注册与登录：在虚拟创业平台上注册账号，并完善个人信息。

2. 行业学习与调研

（1）深入阅读平台上的饲料加工行业报告，了解行业现状、市场规模、发展趋势等。

（2）参与平台组织的行业专家讲座或在线课程，获取行业前沿知识。

（3）利用平台提供的市场调研工具，分析目标市场的消费者需求、竞争对手情况。

3. 制订创业计划

（1）根据市场调研结果，明确产品定位和目标客户群体。

（2）设计饲料加工的生产工艺流程，选择合适的设备和技术。

（3）规划原料采购渠道，考虑成本控制和质量保障。

（4）设定销售渠道和营销策略，制订初步的销售预测和财务计划。

4. 模拟生产与运营

（1）在虚拟创业平台上建立饲料加工厂的模拟环境，包括设备购置、生产线搭建等。

（2）进行虚拟生产，模拟饲料加工的全过程，包括原料入库、加工生产、质量控制、成品出库等。

（3）模拟日常运营活动，如库存管理、订单处理、物流配送等。

5. 技术创新与研发

理论上依托中职学校的畜牧兽医专业和饲料加工课程，实践上关注饲料加工行业的技术创新趋势，模拟研发新的饲料配方或生产工艺。通过技术创新提升产品质量并降低成本，增强市场竞争力。

6．市场营销与推广

（1）制定虚拟营销策略，包括线上线下的宣传推广、促销活动、合作伙伴关系建立等。

（2）利用平台提供的营销工具，如社交媒体推广、电子邮件营销等，进行产品宣传。

（3）与虚拟消费者互动，收集反馈，调整产品和营销策略。

7．财务管理与风险控制

（1）在虚拟创业平台上建立财务管理系统，记录模拟运营过程中的收入和支出。

（2）分析财务数据，制订财务计划，预测未来的盈利能力和现金流状况。

（3）识别潜在的财务风险，制定风险控制措施，如成本控制、库存管理优化等。

（4）注意市场价格波动对经营的影响，制定应对策略。

（5）分析可能出现的其他风险，如自然灾害、政策变化等，制定应急预案。

三、销售预测

基于市场调研和定位分析，对饲料加工项目的销售进行如下预测。

1．销售数量预测

（1）在项目启动初期，预计月销售量为××吨，主要面向本地及周边的小型养殖场和农户。

（2）随着品牌知名度的提升和市场拓展，预计在第二年，月销售量可增长至××吨。

（3）在第三年及以后，通过进一步拓展销售渠道和增加产品类型，目标月销售量达到××吨以上。

2．销售价格预测

根据产品定位和市场调研，初步设定饲料产品的销售价格为每吨××××元。

随着市场竞争和产品升级，价格可能会根据市场情况进行适度调整，以保持竞争力。

3．市场份额预测

（1）在项目初期，预计能够占据本地市场份额的××%。

（2）随着品牌影响力的扩大和市场份额的逐步扩张，预计在第三年达到××%的市场份额。

四、财务计划

为确保饲料加工项目的稳健运营，制订了如下财务计划。

1．初始投资预算

（1）设备购置费用：××万元（包括生产线、质检设备、包装机等）。

（2）原料采购费用：××万元（初期原料储备）。

（3）营销与推广费用：××万元（用于品牌建设、市场推广等）。

（4）其他费用（如租金、人员工资等）：××万元。

总计初始投资预算为：××万元。

2．运营成本预算

（1）原料成本：根据销售预测，每月原料成本预计为××万元。

（2）人员工资：预计每月工资支出为××万元。

（3）设备折旧与维护费用：每月预计为××万元。

（4）其他运营成本（如水电费、办公费用等）：每月预计为××万元。

3．收入预测

（1）根据销售预测，项目启动初期，预计每月销售收入为××万元。

（2）随着销售量的增长和市场拓展，预计第二年收入将增长至每月××万元，第三年及以后进一步增长至每月××万元以上。

4．利润预测与资金流分析

（1）在项目初期，由于投资较大且市场份额有限，预计会有一定的资金压力。

（2）随着销售收入的增加和成本控制的优化，预计在第二年开始实现盈利。

（3）通过合理的资金管理和财务规划，确保项目在运营过程中保持稳健的资金流。

通过虚拟创业方案的实施，创业者将能够全面了解饲料加工项目的市场潜力和运营风险，制订合理的销售预测和财务计划。这将为实体创业提供有力的决策支持和财务保障。同时，在虚拟创业平台上，创业者还将建立起与行业内专家和创业者的联系，为将来的实体创业打下坚实基础。我们期待更多的创业者能够借助虚拟创业平台，实现自己的创业梦想。

虚拟创业平台提供了丰富的服务和功能，以支持创业者在虚拟环境中进行创业实践。如提供关于不同行业的最新资讯，包括市场趋势、竞争格局等，帮助创业者了解行业动态和市场需求。平台还提供市场分析工具，让创业者能够深入了解目标市场的消费者行为、需求特点等，为制定创业策略提供数据支持。

此外，创业者还可以在平台上制订详细的创业计划，包括产品定位、营销策略、运营管理等。平台还提供模拟功能，让创业者能够在虚拟环境中模拟创业过程，包括公司注册、团队组建、产品研发、市场推广等，以便更好地预测和应对实际创业中可能遇到的问题。

同时，平台提供丰富的创业技能培训课程，帮助创业者提升管理能力、市场营销技巧等。它整合了各类创业资源，如导师团队、投资机构、合作伙伴等，为创业者提供指导和支持。

重要的一点是，虚拟创业平台会对创业者的项目进行评估，并帮助创业者对接合适的投资机构或融资渠道，以解决资金问题。

虚拟创业平台鼓励创业者之间的交流和互动，设有论坛、社群等功能，让创业者能够分享经验、交流心得、寻求合作。这种社群氛围有助于激发创业者的创新思维和合作精神。

　　综上所述，虚拟创业平台通过提供行业资讯、市场分析、创业计划模拟、技能培训、资源共享、项目评估、融资对接及交流互动等功能，为创业者提供了一个全方位、一站式的创业支持环境。这有助于降低创业风险，提高创业成功率，推动创新创业事业的发展。

教学活动

　　李梅是一名刚毕业的学生，对电子商务和市场营销有浓厚的兴趣。她决定自主创办一家专注于健康食品的网店。请借助虚拟创业平台资源，帮她分析自主创业过程中可能面临的挑战，并写出一份合理的创业方案。

模块五

践行知行合一的创业实战

学习单元一
创业资金从何而来

资金的最大用处不是创造更多的钱，而是能更多地改善人们的生活。

——亨利·福特

对于大多数创业者而言，筹集创业资金是一个难以回避的挑战。尽管有意创业，很多人却因缺乏启动资金而止步。近年间，国家推出了众多支持毕业生创业的政策。实际上，毕业生在创业初期从国家政策中获得的支持只是资金来源的一小部分。那么，创业资金的具体来源可以有哪些途径呢？

案例及分析

▶ 案例一

长辈资助

刘虎锋出生在陕西宝鸡的农村，当他考上南京工业职业技术学院（现为南京工业职业技术大学）自动化专业时，由于家庭经济状况不佳，每月都需要哥哥资助他三百元来维持生活，大学期间他的生活十分艰难。毕业后，他在南京找到了一份与自己专业相符的工作，主要负责大型电厂和钢厂锅炉的"热控"技术检测。

刘虎锋工作的公司由于管理经营不善，面临着亏损和倒闭的风险，当投资方准备关闭公司时，刘虎锋觉得这非常可惜，于是出资购买了公司。他仅有的资产是一些基本的办公桌椅和已支付一年租金的办公室，这样他开始了自主创业。起初，他用自己打工积攒的一万元资金投入市场，但三个月下来没有做成任何生意，资金也耗尽了。快到年底时，他的表姐借给他八千元，让他先回家，但刘虎锋选择前往一家电厂，希望为公司找到转机。电厂的负责人之前对这个年轻人就有好感，答应给他一个业务机会。最终，这笔业务让他赚到了六万元，他的创业之路开始有了起色。

尽管如此，刘虎锋在创业初期仍然面临资金紧张的困境，在最困难的时候，他不得不回家向长辈筹款。有一次，他与一家企业洽谈业务，对方需要一种通信信息化设备，虽然刘虎锋对软件编程并不陌生，但他为了保证订单的质量，还是邀请了专家合作，迅速研发出了新产品。

凭借这个新项目，公司的销售额超过了百万元。看到这一产品的市场潜力，刘虎锋决定专注于这个系统集成产品的开发，注册了"北冶机电设备公司"，并报名参加了创业培训班，以提升自己的业务技能。从此，他的生活条件逐渐得到了改善。

这是一篇励志的创业故事，故事的主人公通过自己的创业热情与持之以恒的毅力，在创业初期的重重困难中，通过自筹资金，将公司一步一步带入正轨，自己也实现了人生的目标。虽然家庭条件对于一个刚刚步入社会就开始创业的学生来说十分重要，但是只要通过自身的努力，在学校里学好专业知识，将来在自己熟悉的专业领域里不断精耕、不断钻研，一定能够找到合适的创业方法和创业的所需资金。

▶ 案例二

风险投资

美图公司，作为中国的一款图像编辑应用软件，在 2016 年进行了首次公开募股（IPO），这次 IPO 是香港过去十多年中规模最大的。对于早期投资者创新工场来说，他们的投资回报高达 40 倍。在 2013 年，创新工场领投了美图的 A 轮融资；到了 2014 年，启明创投参与了美图的 B 轮融资，金额达到了 1000 万美元。美图之所以成为一个吸引人的投资对象，不仅是因为它是一个"模仿者"，还因为投资者对于错过热门投资机会的担忧，在错过了一些美国的成功投资案例后，投资者开始寻求海外的完美复制版本，而这些海外投资者往往忽视了产品要想获得吸引力和成功，需要本地化版本要有所差别。

美图是一个图像编辑或"面部优化"应用，它受益于中国独有的两股巨大力量的推动。第一股力量是移动设备的普及。中国智能手机的使用量急剧增长，为美图提供了自然而然的成长动力。第二股力量是人们对于拍照美的追求日益增强。投资者的资金帮助美图在图像编辑应用的基础上拓展了业务，现在美图拥有 23 种产品，其六大旗舰应用——美图秀秀、美拍、美图 GIF 等，经常出现在中国应用商店的排行榜前列。

根据《中国科技洞察项目》，截至 2016 年 10 月，美图公司的应用程序用户数量已达到 4.56 亿。这些用户遍布亚洲的多个国家，包括中国、印度、印度尼西亚、日本、马来西亚和泰国等。

通过美图这个案例，我们看到了具有用户黏性的产品，在社会宏观经济变化下具有巨大发展的成功机会。加上如今智能手机的发展，越来越多的新兴移动应用程序开发公司得到资本市场的青睐，在创业过程中会有不断的投资。学生时期，是最容易接受新兴事物，最具挖掘发展潜力的阶段。学生要学会发散思维，思考身边的新鲜事物，为将来的创业发展提供创新灵感，创业资金也会随之而来。

小故事

兰花仙子翩翩来

敖琴贵是一个充满故事的女性。2015年，她从西南大学畜牧兽医专业毕业并获得国家执业兽医师资格。她原本在成都一家大型宠物医院工作，却因一次意外的机会，迷上了兰花。

2016年春天，小敖偶然参观了成都温江的春季兰花展览。她被兰花独特的气质所吸引，兰花在中国传统文化中象征着高洁的品格。小敖看着眼前的兰花，闻着空气中弥漫的清香，感受到兰花文化的深厚底蕴，她突然觉得自己就像那些默默无闻的兰花，坚韧地在角落里生活，等待着绽放的时刻。这次意外的兰展体验震撼了她的内心，颠覆了她原本的人生规划，她坚信自己一定与兰花有着不解之缘，并梦想着有一天能拥有自己的兰花园。从此，她在生活中开始有意无意地关注兰花的信息，结交了许多兰花爱好者，并积累了丰富的兰花知识。她逐渐认识到兰花市场潜力巨大，是一个绝佳的商机。

小敖开始规划自己的兰花之梦，不断学习走访，四处寻找名师，也幸运地得到了许多兰花界前辈和大师的指导和帮助。她利用不多的积蓄和当地人社局提供的创业担保贷款，在重庆綦江区城市边缘的一个不起眼的地方，建立了"巴渝南苑"兰花种植基地。

到了2018年，小敖发现200平方米的兰棚已经无法满足她心中的梦想，她有了一个更大的规划：让"巴渝南苑"回归自然，进山养花。由于兰花种植对气候和环境有较高的要求，小敖开始寻找新的场地。经过两次考察学习，她于当年10月顺利入驻三角镇牟坪生态农业园区，并在那里学到了许多知识。回来后，兰花项目"巴渝南苑"在她的精心策划下，开始了国内兰花的规模化种植探索。目前，她已经完成了前两期的精品兰棚和办公区、休闲区建设，拥有兰花盆2万盆，计划在3年内完成第三期生产区建设，实现10万盆兰花盆的规模。

随着"巴渝南苑"不断扩张种养规模，优化品种结构，到2021年，它已成为重庆地区第一家探索规模化种植中国兰花的生产基地。她的兰花直播间将她打造成了一位网络红人花仙子，她的"巴渝南苑"也成了远近闻名的打卡地，吸引了众多兰花爱好者。

一、企业的融资方式

企业的融资方式主要分为股权融资和债权融资两类。

（一）股权融资

股权融资涉及企业股东出让部分所有权，通过增资方式引入新股东的一种融资模式。这种融资获得的资金无须偿还本金和利息，但新股东将与现有股东平等分享企业的利润和增长。股权融资因其资金用途的多样性而受到青睐，可用于充实营运资金或进行投资活动。股权融资的主要特点包括如下三点。

1．长期性：筹集的资金无到期日，无须归还。

2．不可逆性：股东出售股权后，无法要求企业返还本金，只能通过市场流通回收。

3．无负担性：无固定的股利负担，股利发放视企业经营状况而定。

（二）债权融资

债权融资是指企业通过借款方式融资，需要承担资金的利息，并在到期时偿还本金。这种融资主要用于解决营运资金短缺，而非用于资本支出。债权融资的主要特点包括如下三点。

1．期限性：借款有明确的到期日，企业需支付利息并归还本金。

2．杠杆性：提高企业所有权资金的回报率，具有财务杠杆效应。

3．干预性：在债务违约情况下，债权融资可能导致债权人对企业的控制和干预。

这两种融资方式各有优势和局限性，企业在选择融资方式时需根据自身情况和资金需求进行权衡。

二、常见创业融资渠道

（一）亲情融资

根据调查数据显示，学生创业的资金主要来自个人储蓄、父母和亲友的支持，这一比例超过了80%。由于应届毕业生通常没有工作经历，缺乏资金储备，因此，在创业的早期阶段，依赖父母、亲属和朋友的资助是筹集启动资金最常见、最便捷且最有效的方法。这种资助通常是有限的，可能无法完全满足创业启动和运营的资金需求。

亲情融资通常是无偿的，最大的优势在于不需要支付利息，也没有显著的财务成本，资金的流入和流出仅在借入和偿还时发生。因此，这种融资方式具有快速、低风险和低成本的特点。然而，如果通过个人信用借款，可能会给借款人带来逾期还款的风险，甚至可能导致资金损失。

（二）合伙融资

合伙融资指的是两个或两个以上的人组成团队，利用各自的优势，按照约定的出资比例共同创业，共同从事能够带来经济利益的活动。合伙人是公司的所有者或股东，其主要特征包括：合伙人共享企业的盈利，并共同承担经营亏损；所有合伙人可以共同参与经营管理，或者只有部分合伙人参与经营，而其他合伙人则仅提供资金，自负盈亏；合伙人的规模可以灵活变化。

进行投资活动，特别是风险投资时，需要两个重要因素：一是充足的资金；二是具备投资管理能力的人才，能够识别并投资有盈利潜力的项目。然而，在现实生活中，擅长管理投资的人可能不富有，而富有的人不一定擅长投资。在这种情况下，有限合伙制度能够将这两方面结合起来。有限合伙制度主要适用于风险投资，由具备专业投资能力的合伙人承担无限责任，负责日常经营管理，而有限合伙人则享受收益，承担有限责任。

由于合伙企业承担的是无限连带责任，即创业失败时，所有合伙人需共同承担全部债务，这与有限责任公司的责任限制不同。因此，合伙企业通常要求参与者全力以赴，但这也可能导致分歧，如果处理不当，可能会对企业发展造成严重影响。

合伙创业不仅能够有效地筹集资金，还能充分发挥各方的才能，促进资源整合，快速形成生产能力，降低创业风险。如俗话所说，"独木不成林"，合伙经营中，每个人都可能是老板，这容易导致意见分歧，还可能因为权利和义务的不平衡而引发合伙人之间的矛盾，影响合伙关系的稳定性。

（三）银行贷款

银行贷款是银行根据国家政策，以确定的利率向资金需求者提供资金，并规定其在一定期限内偿还的一种金融服务。通常，申请银行贷款需要提供担保、房产抵押、收入证明或拥有良好的个人信用记录。贷款是银行或其他金融机构根据一定利率和偿还条件，出借货币资金的信用活动。银行通过发放贷款，将资金投放到市场中，满足社会对追加资金的需求，推动经济的发展。同时，银行通过收取贷款利息，增加自身的收益和资本积累。银行贷款被视为创业融资的重要渠道，由于银行资本实力强大且多数与政府有联系，因此在创业者中拥有广泛的认可。目前，银行贷款主要分为以下四种类型。

1. 抵押贷款，借款人需要向银行提供抵押财产，作为获得贷款的担保。
2. 信用贷款，银行基于对借款人信用的信任发放贷款，无须借款人提供抵押物。
3. 担保贷款，借款人通过担保人的信用作为获得贷款的保证。
4. 贴现贷款，借款人在急需资金时，可以将以未到期的票据向银行申请贴现，以此融通资金。

三、风险投资

风险投资是指投资者向初创期或成长期的企业进行股权投资，目的是期望这些企业在成熟后能够通过股权转让实现资本增值。这类企业通常包括种子阶段、初创期、扩张期、成熟前过渡期等不同发展阶段的公司，尤其是那些具有高增长潜力的科技型中小企业。

风险投资的主要目标是推动新技术和新产品的开发，投资的对象往往是那些风险较高但潜在回报也较大的企业。这些企业可能正处于早期阶段或未成熟时期，但有着迅速成长和成为有潜力的中小企业的可能性。风险投资的主要投资方式包括以下两种。

（一）联合投资

联合投资是多个投资者共同对一个风险企业进行投资的做法，这样做有助于投资者之间分享信息，提高项目筛选的准确性，加强投资后的监管，并提供更多的增值服务。此外，联合投资可以确保对风险企业的投资总额达到合适的规模，从而增加投资成功的概率。

（二）组合投资

组合投资是指投资者根据企业不同发展阶段对投资方式的不同需求，采取股权、债权、准股权、担保等多种投资形式的策略。这种投资方式既满足了企业对资金的需求，又尽可能地减少了因项目失败而造成的损失。通过投资多个风险企业，投资者可以通过投资组合来分散风险，避免因单个投资失败而遭受整体损失。在创业投资领域，这种策略常被比喻为"不要把所有的鸡蛋放在同一个篮子里"。

四、金融租赁

金融租赁，也称融资性租赁，是一种金融服务形式，其中出租人根据承租人的要求，向指定的第三方供货人购买设备，然后以承租人支付租金为条件，将设备的使用权转让给承租人。在租赁期间，出租人通过收取租金的方式逐步收回其投资。这种金融服务形式结合了实物信用和银行信用，是金融、贸易和服务相结合的跨领域、跨部门的综合性服务。

积极推动融资租赁的发展，对于转变经济发展模式、促进第二产业和第三产业的融合、加快商品流通、扩大内需、推动技术更新、缓解中小企业融资难题及提高资源配置效率等方面具有重要意义。融资租赁特别适合那些需要购买昂贵设备的初创企业，但在选择租赁公司时，应当选择那些实力雄厚、信誉良好的公司，并且租赁合同应尽可能灵活，以适应企业发展的需要。

（一）与传统租赁的区别

金融租赁与传统租赁的本质区别在于租金的计算方式。在传统租赁中，租金是根据承租人使用租赁物的时间来计算的，而在金融租赁中，租金是根据承租人占用融资成本的时间来计算的。金融租赁是随着市场经济发展而产生的一种灵活的融资方式，起源于 20 世纪 50 年代的美国，并在 60 年代至 70 年代在全球迅速发展，成为企业更新设备的主要融资手段之一，被誉为"朝阳产业"。中国自 20 世纪 80 年代初引进融资租赁业务以来取得了快速发展，但与发达国家相比，金融租赁的优势还未完全发挥，市场潜力仍然巨大。

（二）与分期付款的区别

1. 分期付款是一种买卖交易，购买者不仅获得了物品的使用权，还获得了物品的所有权。而金融租赁是一种租赁行为，尽管承租人在实际使用中承担了成本和风险，但法律上租赁物的所有权仍归出租人所有。

2. 在会计处理上，金融租赁中租赁物的所有权属于出租人，因此作为长期应收款处理；而承租方则将租赁物计入固定资产，并计提折旧。分期付款购买的物品归买方所有，因此买方需将其列入资产负债表，并负责摊提折旧。

3. 在期限上，分期付款的付款期限通常低于交易物品的经济寿命期限，而金融租赁的租赁期限则通常与租赁物的经济寿命相当。因此，采用金融租赁方式相较于分期付款方式可以获得更长的信贷期限。

4. 在付款时间上，分期付款通常在每期期末进行，有时在分期付款前还有宽限期；而金融租赁通常没有宽限期，交易开始后即需支付租金，租金支付通常在每期期初进行。

5. 金融租赁期满时，租赁物通常留有残值，承租人一般不能任意处理租赁物，需办理交换手续或购买等手续。而分期付款交易的买者在完成分期付款后即拥有了所交易物品的权利，可以任意处理。

6. 金融租赁的对象通常是寿命较长、价值较高的物品，如机械设备等。

五、上市融资

上市融资涉及将公司的全部资本等额分割，转换为股票形式，并在经过批准后使之可在市场上交易和公开募股。投资者可以直接购买这些股票，从而在较短时间内为公司筹集大量资金。

其核心在于，企业所有者通过售卖公司一定比例的股权，换取公司急需的资金流，利用资本市场的这种短期资助来快速扩大企业规模。然而，从长远角度来看，融资只是一种手段，而非企业的最终目标。融资的目的在于，通过确保企业有足够的资本，来推动企业在当前或即将转型产业中的竞争优势，最终实现企业利润的最大化和股东价值的回报。

上市是企业持续成长的关键路径。虽然上市融资为企业带来利益，但也伴随着风险，因此企业家在决定是否上市时需要进行权衡。通常，如果预期的收益超过风险，企业应当选择上市；如果收益不足以覆盖风险，企业可以考虑暂缓上市。长远而言，企业要实现持续发展，上市是不可或缺的，只是需要考虑何时上市最为合适。

上市融资的优点包括如下几点。

1. 筹集的资金是永久的，无须在特定日期偿还，减轻了企业的还款压力。
2. 单次融资的金额较大。
3. 资金使用的限制相对宽松。
4. 提升企业的知名度，树立良好的企业形象。
5. 有助于企业建立规范的现代企业制度，特别是对于前景广阔但风险高的科技型公司，在创业板上市融资是加速企业成长的有效手段。

六、政策性融资

政策性融资是基于国家政策，以政府信誉为担保的由政策性银行或普通银行对特定项目提供的金融援助。这种融资通常以较低甚至无息贷款的形式出现，具有明确的目标，能有效发挥金融的推动作用。政策性融资适用于那些具备行业或产业优势、技术先进、拥有自主知识产权或符合国家产业政策的项目。这些项目一般要求企业运营稳定，规模达到一定程度，且基础管理完善。政策性融资的优点是成本低、风险小，但其缺点包括适用范围有限、融资额度较小、期限较长、流程复杂、存在规模限制等。根据融资方式的不同，政策性融资可以分为政策性贷款、政策性担保、财政贴息、专项扶持基金和政策性投资等五种形式。政府主导的政策性融资既包括财政部门直接负责的融资项目，也包括政策性银行管理的融资项目。这类融资不以盈利为目标，利率较低，还款期限灵活，适合用来弥补经济欠发达地区市场投资的不足。政府通过实施政策性融资，可以提高财政投资的效率；通过回收投资，又能扩大政府的投资能力。对于基础设施和项目建设，投资主体可以是政府或社会公益机构；对于垄断性基础产业的投资，则应建立法人实体，在确保一定比例的资本金基础上，向金融机构和资本市场融资，广泛吸引社会资金。

因此，必须确立企业的投资主体地位，建立投资风险的约束机制，确保财政投资渠道的顺畅。此外，财政的经济担保和财政贴息是政府投资中可以灵活运用的政策工具。通过选择性的担保和贴息，支持经济欠发达地区从商业银行和国际金融机构贷款，或促进地区企业间的资金流转，都将对缓解资金短缺问题发挥积极作用。为了支持中小企业的成长，国家相关部门、各行业主管部门和各地区政府纷纷独立或联合发布文件，推出了一系列针对中小企业融资的政策，这些政策也充分体现了企业可以利用和使用的多种融资工具。

小故事

借鸡生蛋

想要创业的人众多，但很多人因为资金问题而止步不前。实际上，如果我们巧妙地运用"借鸡生蛋"的策略，就能借助他人的力量为自己创造利润。那么，"借鸡生蛋"究竟是什么呢？举个例子，假设你一贫如洗，但你的邻居养了很多鸡。你可以向邻居借几只鸡，并承诺一个月后归还并支付 10 块钱的租金。在这段时间里，你用有机肥料喂养这些鸡，它们下了很多蛋，你将这些蛋卖掉，一个月后收入 50 块钱。你拿出 10 块钱还给邻居，并归还鸡，这样你就额外获得了 40 块钱。这就是"借鸡生蛋"的通俗解释。当然，在商业世界中，这个过程要复杂得多，那么创业者应该如何操作才能实现"借鸡生蛋"呢？下面这个经典故事或许能给我们一些启示。

20 世纪 70 年代，全球经济受到石油危机的影响。然而，美国南部的得克萨斯州发现了一块储量巨大的油田。随后，联邦政府将拍卖这块油田的开采权。众多石油公司纷纷筹集资金，希望在拍卖会上夺得这块油田的开采权。毕竟，谁能拿到这块油田，谁就能控制一座金山，未来十几年都将得到丰厚的利润。默克石油公司的老板道格拉斯也对这块油田垂涎三尺，但他知道自己的公司只有几百万美元的资产，根本无法与拥有数千万甚至上亿资本的石油大亨们竞争。然而，他也不愿意眼睁睁地看着这块"肥肉"被别人抢走。于是，他想出了一个办法。他自己是美国花旗银行的老客户，所有资金都存在这家银行，他能否请银行总裁琼斯代表他去参加竞拍呢？

琼斯是美国金融界的巨头，如果他也参与竞拍，肯定会让其他竞争者有所忌惮，担心因为与银行竞争而损失自己的企业利润。于是，道格拉斯立刻给琼斯打电话，提出了请求。令他惊喜的是，琼斯立刻同意了，因为他知道，道格拉斯赚的钱越多，他在花旗银行的存款也就越多，这对银行来说是有利的。而且，这对琼斯来说，只是举手之劳。两人商定，竞拍的价格最高只能是100万美元，因为道格拉斯拿不出更多的钱了。

到了拍卖会那天，众多石油大亨看到琼斯也来到了现场，都感到非常惊讶。他们认为银行大亨也来参与油田竞拍，竞争起来毫无胜算。起价50万美元的油田，琼斯直接一口气加到了100万美元，这在拍卖场上引起了轰动。大家都认为琼斯对这块油田志在必得，于是仅仅用了5分钟，所有竞争对手都选择了放弃，而道格拉斯也仅用100万美元的价格成功拍得这块油田，成为最大的赢家。

这个故事就是一个典型的"借鸡生蛋"的例子，其中"鸡"就是琼斯的名望和威慑力，"蛋"则是那100万美元的油田。默克公司通过琼斯吓跑了所有竞争者，以较低的价格拿到了这块利润丰厚的油田，这招借势的策略实在是高明。

教学活动

活动一 创业领悟

请同学们仔细阅读以下范例和几则小故事，认真思考，大胆地说出你们的想法吧！

（范例）一位顾客在宠物店看到三只鹦鹉，第一只鹦鹉标价二百元，会两门语言；第二只鹦鹉标价四百元，会四门语言；第三只鹦鹉标价八百元，看起来老旧且毛色暗淡。顾客犹豫不决，最后问店主第三只鹦鹉为何值这么多钱。店主回答说，因为另外两只鹦鹉都是它的员工！

创业领悟：一个真正的领导者，并不需要自己有多么出色，只要懂得信任、放权和珍惜，就能聚集比自己更强大的人才，从而提升自己的价值。相反，许多才华横溢的人因为过于追求完美，事事亲力亲为，认为别人都不如自己，最终只能成为出色的公关人员或销售代表，而不是优秀的领导者。

1. 一只火鸡和一头牛聊天，火鸡表达了自己想要飞到树顶的愿望，但缺乏勇气。牛建议它吃一些自己的牛粪，因为它很有营养。火鸡尝试了牛粪，发现它确实给了自己力量，

飞到了第一根树枝。第二天，火鸡吃了更多的牛粪，飞到了第二根树枝。两个星期后，火鸡自豪地飞到了树顶，但随后被一个猎户看到了，并被射了下来。

创业领悟：

2. 一只乌鸦悠然自得地站在树上，整日游手好闲。一只兔子看到后，好奇地问它是否可以像乌鸦一样，不用做什么事情。乌鸦回答说当然可以。于是，兔子便在树下的空地上躺下来休息。突然，一只狐狸出现，兔子立刻跳起来试图逃跑，但不幸被狐狸捕捉并吞食了。

创业领悟：

3. 一家大型企业打算以丰厚的薪酬聘请一名私人司机，经过多轮选拔和测试，最终剩下三位技术精湛的候选人。面试官向他们提出了一个难题："假如悬崖边有一块金子，你们开车去拿，认为可以开到多靠近悬崖边缘而不掉下去呢？"

"距离悬崖两米。"第一位候选人回答。

"保持距离半米。"第二位候选人信心满满地说。

"我会尽量把车开得离悬崖远一些，越远越好。"第三位候选人说。

最终，这家公司选择了第三位候选人。

创业领悟：

活动二　融资规划

通过市场调查和分析，你想在学校附近开一家奶茶店，店面面积 30 平方米左右，你将如何对奶茶店进行资金计算和融资规划？请大家分组讨论。

计算所需资金：

1. 设备安装费_____
2. 家具费_____
3. 硬件、软件装修费_____
4. 物业管理费_____
5. 营业执照费_____
6. 广告费_____
7. 房租及押金_____
8. 原料耗材费_____
9. 水电费_____
10. 员工工资_____
11. 活动促销费_____
12. 其他_____

融资规划：

1. 自有资金_____
2. 同学、亲友提供资金_____
3. 父母及长辈支持资金_____
4. 银行（信贷）资金_____
5. 创业政策资金_____
6. 股东出资_____
7. 其他_____

学习单元二
创业政策有何利好

全民创业是扩大就业、富裕百姓的根本途径，是应对国际金融危机，实现科学发展、和谐发展、跨越发展的重大举措。面对非常形势，采取非常办法、非常措施、非常力度、非常政策，激发全社会创业活力，让一切创造社会财富的源泉充分涌流，对于保增长、保民生、保稳定、保持经济平稳发展具有重要的意义。

近年来，为落实党中央、国务院关于加快推进"大众创业 万众创新"的决策部署，广西壮族自治区进一步优化创新创业环境，带动就业，支撑创新，充分释放全社会创新创业活力，推动经济社会高质量发展，陆续出台了多项支持创新创业的政策文件。

一、壮大全民创业主体

鼓励大中专和技校毕业生及城乡新增劳动力到城镇创业。对大中专和技校毕业生及城乡新增劳动力从事个体经营符合条件的，免收行政事业性收费；符合享受社会保险补贴条件的，按规定给予不超过 3 年的社会保险补贴。各级公共就业服务机构要免费为大中专和技校毕业生及城乡新增劳动力提供职业介绍、职业指导等服务。自主创业的大中专和技校毕业生申请小额担保贷款从事当地政府规定的微利项目，可由财政给予 50%的贴息。

二、放宽全民创业条件

注册登记。除了设立一人有限责任公司，允许个人独资企业、合伙企业、个体工商户、农民专业合作经济组织、有投资能力的居民委员会、村民委员会作为股东或者发起人投资设立公司。允许符合条件的自然人在不同的地点申办两个以上的个体工商户营业执照；个体工商户在同一工商所辖区内开设 3 个以下（含 3 个）从事同类经营业务的门店，且经营范围不涉及前置许可项目的，可以只办理 1 个营业执照。

对企业申请登记的项目涉及前置审批而暂时无法提交许可证书或批准文件的，除涉及国家安全、公民人身安全、影响环境及国家严格控制的项目外，可先办理登记，核发有效期为 3 个月至 1 年的筹建营业执照。筹建营业执照有效期满仍无法取得前置审批许可证书或批准文件的，经企业申请并提交前置审批部门出具的正在办理相关审批手续的证明，可再延长 1 年筹建期。

经营场所。凡持有合法有效房地产证明文件或租房协议的房屋，除法律、法规明令禁止外，经有利害关系的业主同意，均可以作为生产经营场所进行登记。经县级以上城市规划和城管部门批准设置的临时商业用房、经营场所等，在工商登记时应视为有效经营场所。在农村地区，村民委员会出具的在本村范围内的住所（经营场所）使用文件，可作为企业和个体工商户的住所（经营场所）证明；在有形市场内设立企业或从事个体经营，市场主办单位出具的住所（经营场所）使用文件，可作为企业或个体工商户的住所（经营场所）证明。在工业园区或开发区开办企业，正在办理征地手续但暂未取得相关证明的，可凭园区管委会的证明作为注册场地的证明文件。

经营范围。除涉及国家安全、公共安全、群众身体健康及国家专营专控的行业、商品必须按照法定前置条件、程序严格审批外，放开中小企业和个体工商户经营范围，对其申请的经营项目，工商行政部门及时依法予以核准。

三、创新创业补贴

2022年3月，广西壮族自治区人力资源和社会保障厅、广西壮族自治区财政厅印发《广西壮族自治区就业补助资金管理办法》，指出就业补助资金的使用范围包括就业创业补贴、职业技能培训补贴、公共就业服务能力建设补助、农民工就业创业奖补和自治区党委、政府确定的用于促进就业创业工作的其他支出。其中，就业创业补贴用于社会保险补贴、公益性岗位补贴、就业见习补贴、求职创业补贴、创业扶持补贴、带动就业补贴、其他就业补贴等支出。

四、建设创新创业项目孵化基地

近年来，广西壮族自治区发展和改革委员会、人力资源和社会保障厅、科学技术厅、工业和信息化厅、教育厅等部门和全区"双创"厅际联席会议主要成员单位各负其责，共同推进"双创"事业发展。在科技创新创业方面，广西壮族自治区科学技术厅通过推动科研院所"双创"深度融合、健全科技成果转化机制等举措，为广西经济增长、转型发展、稳定和扩大就业提供重要支撑，认定一大批新型产业研发机构或众创空间。在大众创新创业方面，广西壮族自治区人力资源和社会保障厅从平台建设、重点群体、高端人才、创业大赛、体制改革等层面推进"双创"工作，全区共认定400多家创业孵化基地。在中小企业创新创业方面，广西壮族自治区工业和信息化厅通过推动平台建设、组织大赛、持续开展战略性新兴产业企业认定等举措，有效激发中小企业"双创"活力，全区共认定30多家中小型、微型企业创业创新示范基地。

教学活动

整理广西壮族自治区14个设区市发布的创新创业扶持政策

1. 全班分成14个小组，通过网络或其他渠道了解并整理广西壮族自治区14个设区市发布相关的创新创业扶持政策；
2. 分组汇报各市创新创业相关政策；
3. 研讨各市创新创业政策的相同点和不同点。

学习单元三
创业路演如何出彩

一、创业路演概述

（一）路演的定义与作用

路演是一种商业推广活动，通常由企业或创业团队进行，目的是向潜在投资者、合作伙伴、客户或公众介绍其商业计划、产品或服务。路演的核心在于通过现场演示、演讲和互动交流，吸引听众的兴趣，从而获得资金支持、建立合作关系或增加市场知名度。

路演的作用主要体现在以下几个方面。

1. 资金募集：对于初创企业来说，路演是向投资者展示其商业潜力和价值的重要途径，有助于吸引投资或其他形式的资金支持。

2. 市场推广：通过路演，企业可以向目标市场传达其品牌理念、产品特点和市场定位，增强品牌影响力。

3. 网络建设：路演提供了与行业内专家、潜在客户和合作伙伴面对面交流的机会，有助于构建和扩展商业网络。

4. 反馈收集：与听众的互动可以为企业提供宝贵的市场反馈，帮助企业优化产品或服务，调整商业策略。

（二）路演的常见场合和听众类型

路演可以在如下多种场合进行。

1. 投资者会议：如风险投资论坛、天使投资聚会等，听众主要是投资者和金融专业人士。

2. 行业大会：针对特定行业的会议或展览，听众包括行业内的专业人士、竞争对手和潜在客户。

3. 创业比赛：各种创业竞赛和挑战赛，评委和观众可能包括企业家、投资者和行业专家。

4. 企业内部：向企业内部员工或管理层展示新项目或战略规划。

5. 公共活动：如社区活动、公共论坛，听众可能是广泛的公众或特定群体。

（三）路演成功的关键要素

进行创业路演是一个需要精心准备和练习的过程。以下是一些关键步骤和建议，帮助你进行成功的创业路演。

1. 准备阶段

（1）明确目标：确定你希望通过路演达成的目标，如吸引投资、寻找合作伙伴或提升品牌知名度。

（2）了解听众：研究你的听众，了解他们的兴趣、需求和期望，以便更好地与他们沟通。

（3）制作商业计划书：准备一份详细的商业计划书，包括市场分析、产品或服务介绍、商业模式、财务预测等。

（4）设计 PPT：创建一个视觉上吸引人的 PPT，突出你的价值主张、核心竞争力和未来增长潜力。

（5）准备演讲稿：撰写一份清晰的演讲稿，确保内容逻辑性强，信息传达有效。

2. 演讲技巧

（1）开场白：设计一个引人入胜的开场白，快速吸引听众的注意力。

（2）讲故事：用故事的形式讲述你的创业旅程，让听众感同身受。

（3）简洁明了：保持语言简洁明了，避免使用过多的行业术语或复杂的数据。

（4）互动：鼓励听众提问，准备好回答可能的问题，使演讲更加互动。

3. 演示产品或服务

（1）展示产品：如果可能，现场展示你的产品或服务，让听众亲身体验。

（2）演示效果：通过视频、动画或其他视觉辅助工具展示产品的功能和优势。

4. 练习和反馈

（1）模拟演练：在正式路演前进行多次模拟演练，熟悉演讲流程并进行时间控制。

（2）获取反馈：邀请朋友或同事观看你的演练，并提供反馈意见。

5. 路演现场

（1）自信表现：保持自信，确保你的身体语言和语调传达出你的热情和信念。

（2）时间管理：严格控制演讲时间，确保每个部分都有足够的时间介绍，但不要拖沓。

6. 后续跟进

（1）感谢听众：在演讲结束后，感谢听众的关注。

（2）建立联系：收集听众的联系方式，以便后续跟进和建立长期联系。

记住，成功的创业路演不仅关乎你的产品或服务，更在于你如何传达你的愿景、激情和对项目的信念。通过上述步骤的准备和实践，你将能够进行一次高效且有说服力的创业路演。

二、路演前的准备工作

(一)确定路演主题和目标

在准备路演之前,首先要明确路演的主题和目标。这将决定你的内容方向和演讲的重点。

1. 主题明确:路演的主题应该围绕你的产品、服务或商业模式展开,确保信息集中且相关性强。

2. 目标设定:明确你希望通过路演达成的具体目标,如吸引投资、寻找合作伙伴、提升品牌知名度等。目标的设定将直接影响你的演讲内容和策略。

(二)团队分工与角色设定

一个成功的路演需要团队的协作。团队成员应该根据各自的专长和经验分工合作。

1. 演讲者:负责撰写演讲稿和进行现场演讲,需要具备良好的表达能力,以及对项目深入的理解。

2. 视觉设计师:负责制作 PPT 和其他视觉材料,需要有良好的设计感和对信息传达的理解。

3. 数据分析师:负责提供路演中需要的数据支持,确保信息的准确性和说服力。

4. 市场专家:负责分析目标听众和市场趋势,提供市场相关的见解和建议。

5. 技术支持:确保所有技术设备正常运作,包括电脑、投影仪、远程会议等。

(三)制作内容清晰、视觉吸引的 PPT 演示文稿

PPT 演示文稿是路演中的重要工具,它可以帮助听众更好地理解和记住你的信息。

1. 内容结构:确保 PPT 内容有清晰的逻辑结构,通常包括引言、问题陈述、解决方案、商业模式、市场分析、团队介绍、财务规划和结尾呼吁等部分。

2. 视觉设计:使用统一的设计模板,保持页面整洁,避免过多的文字和复杂的图表。使用图表、图片和图标来辅助说明,使信息更加直观易懂。

3. 关键信息突出:通过加粗、颜色或动画效果突出关键信息,确保听众能够迅速捕捉到重点。

4. 故事叙述:尝试通过故事的形式来串联整个演示,使内容更加生动有趣,易于引起听众的共鸣。

5. 练习演练:在正式路演前,多次练习使用 PPT 进行演讲,确保演讲者熟悉每一页的内容和转场。

通过以上的准备工作，你的路演将更加专业和有说服力，从而提高达成目标的可能性。

三、路演技巧与策略

▶ 案例一

臻敢当鸡排饭路演

各位老师好，我是刘振（自信满满，精神面貌积极向上），今天给大家带来的创业项目是臻敢当鸡排饭，我的意向融资金额是 100 万元（开门见山，直达主题），出让 10% 股份。（注意时间，合理安排）有人说 20 岁到 40 岁这 21 年间，每个人有 7 次创业机会，每次 3 年，7 次里只要有一次成功，人生到境遇便大不相同。我是一个 90 后连续创业者，一个标准的 90 后小鲜肉，却有着大叔级沉稳的外表（风趣幽默，不乏自嘲，博取好感）。我的父母都是标准的商人，我的父亲是卖西瓜的，我的母亲也是卖西瓜的（适当加入创业者家庭背景，硬实力为主），所以，像换大米、卖西瓜、收破烂这样的项目，我一个都没少干，从小便早早地混迹于各类职场当中（体现自身优势及强项）。16 岁那年，凭借着在十里八村积攒多年的人气，我创办了一个小小的暑期辅导班，开始了人生第一次创业（加入案例，增强说服力）。大学期间，我创办了三家公司（量化个人成果，提高评委印象），涉足教育互联网和餐饮行业，我立志有一天成为一个有良知、有艺术内涵的社会企业家（提出社会责任，获取价值认同）。

2015 年我与两位小伙伴带着山东人敢作敢当的精神（加入地区背景，彰显优势），创办了臻敢当鸡排饭营养膳食外卖品牌，臻敢当鸡排饭用新颖环保的包装，好玩有趣的营销，加上铁打的套餐，流水的配菜营养搭配模式，迅速地占领了学校市场（项目讲解，言简意赅，但是这里还没能体现具体数据和范围），臻敢当鸡排饭以品味轻奢膳食为理念，立志为每一位消费者带来极致愉悦的用餐体验。世界上没有天然应该高薪的行业，每一个行业都值得被尊重（唤起同感，首尾呼应），我相信一万个美丽的未来，都抵不过真实的现在，每一个真实的现在，都曾是你幻想的未来，谢谢大家（再次展现自信，告诉投资者：投我就对了！）。

在问答环节中，评委就臻敢当鸡排饭 2016 年 6 个月营业额 100 万元，2017 年下降了一半这一问题提出了自己的质疑。刘振表示，营业额下降与当地的消费水平有关，还与当地用户的群体和需求有关，直营店在当地商圈能保持在 5% 的状态。助梦导师王岩评价道，客单价相对较低，品质也属于比较好的水平，但产品本身没有记忆点是一个很大的问题。

在实战商学院，院长韩必强向学生们分析说，这一项目通过几年的实践有一定的规模，但是一个品牌在建设过程中存活率不是太高。消费者口味不定且多样，想要做到一个影响全国的连锁品牌，要走的路还是非常艰难的。

（一）撰写有效的路演稿

有效的路演稿是成功路演的基础。以下是撰写路演稿的关键点。

1. 开场白：用一个引人入胜的故事或引人注目的数据开始，吸引听众的注意力。
2. 问题陈述：清晰地描述你的产品或服务解决的市场问题，让听众理解其重要性。
3. 解决方案：详细介绍你的产品或服务，以及它们如何有效地解决问题。
4. 商业模式：解释你的盈利方式，包括定价策略、收入来源和成本结构。
5. 市场分析：展示你对目标市场的理解和分析，包括市场规模、增长潜力和竞争态势。
6. 团队介绍：强调团队的专业背景和经验，展示团队的能力和承诺。
7. 财务预测：提供财务数据和预测，展示项目的财务可行性和增长潜力。
8. 结尾呼吁：以一个强有力的呼吁行动结束，鼓励投资者或合作伙伴采取行动。

（二）演讲技巧：语言、声音和肢体语言的使用

1. 语言：使用简洁、明了的语言，避免行业术语，确保所有听众都能理解。
2. 声音：通过变化语调、节奏和音量来保持听众的兴趣。适当的停顿可以让听众有时间消化信息。
3. 肢体语言：保持良好的眼神交流，使用开放的身体姿态，合理运用手势来强调要点。

（三）应对提问：准备常见问题和即兴回答策略

1. 准备常见问题：提前准备可能被问到的问题，并准备相应的答案。
2. 即兴回答策略：如果遇到未预料到的问题，保持冷静，诚实地表达你的观点，如果需要，可以承诺后续提供更详细的信息。

（四）角色扮演：模拟投资者和创业者的互动

1. 模拟练习：团队内部可以进行角色扮演，模拟投资者可能提出的问题和创业者的回答。
2. 反馈循环：每次模拟后，团队成员可以提供反馈，帮助演讲者改进表达和回答策略。
3. 压力测试：通过模拟更具挑战性的场景，如面对批评或质疑，增强演讲者的应变能力和信心。

通过这些技巧和策略，你将能够更有效地进行路演，提高与听众的互动质量，从而增加成功的可能性。

案例二

华南脑控——脑机 AI 原创技术与产业化先行者

尊敬的各位评委大家好，我是来自华南理工大学的博士生姜雅，首先请大家通过一段视频，了解我们的脑机 AI（播放视频，更形象具体地展示项目）。脑机 AI 是大国科技竞争的前沿性、战略性领域，跨国科技巨头纷纷斥巨资投入。作为一种全新的通信交互技术，可以赋能康养、心理、文化、安全等各个领域，足以引爆一次全新的信息技术革命，具有巨大的潜在市场。但当前脑信号采集设备笨重、脑解码复杂、脑控效率机的技术瓶颈等制约了它的大规模商业应用，我们团队深耕脑机领域20年，在这三方面均取得了行业领先突破，创新性解决了障碍。突破一，我们自主研发了干电极采集技术、脑电专用芯片，打破国外对本领域核心技术的垄断，填补了中国的技术空白，实现了穿戴式设备高质量采集。突破二，自主研发了精准的脑信息解码算法群，解码准确率高达95%，并且实现算法上云，自主研发建立了脑机 AI 云计算平台，为大规模产业打下了基础。突破三，我们首创了国际领先的高效脑机交互技术，实现了多种脑信号的协同融合，一秒钟便可以输出一个信号，相比国际水平，我们的速度比他们快七倍。基于以上三个技术突破，我们在国际上引领推动了脑机的医学临床，累计有300多名患者得到了临床的帮助。李远清教授团队牵头领导的国家和省部级重大科研项目，累计总经费超过1亿元，我们发表了120篇国际权威期刊论文，拥有专利59项，获得国家自然科学二等奖等一系列重大科技成果奖。相比国内外其他竞争对手，我们具备全产业链基础技术的核心优势。2019年我们成立了华南脑控（广东）智能科技有限公司，快速实现了科技成果转化，一方面我们针对不同的细分行业，为客户提供脑机 AI 应用解决方案；另一方面我们输出标准化的脑机软硬件平台，让脑机 AI 新基建赋能各行业，助力产业升级。我们率先进入了市场潜力巨大的医疗康养行业，自创了脑机的电脑和手机交互系统，脑机 AI 智慧护理房间系统等产品。目前已经在多家三甲医院成交落地，并联合多家行业内的龙头企业，达成产业合作，共建中国的脑机 AI 加康养产业链。公司创始人董事长、华南理工大学教授李远清引领团队不断创新，科大讯飞领投并追加执行，其创始人之一的胡郁博士更是以个人资金加持入股我们公司。我们公司成立一年，完成两轮融资，目前估值3个亿。公司成立至今，已获得销售及订单突破了7000万元，华南脑控的高质量发展未来可期，不忘初心，我们培育了一批优秀的脑机 AI 产研人才，赋能五大行业，预计带动就业超过五万人，央视等主流媒体深度报道，更是带给了国家、学校和团队强大的动力，我们致力于用原创的脑机 AI 技术，为全人类提供中国智慧和中国方案，谢谢大家。

该路演项目斩获第六届中国国际"互联网+"大学生创新创业大赛金奖，获得该殊荣的主要因素分为八部分。第一部分是项目名称取得好，"华南脑控"主标题简单好记，学校缩写与项目结合的产物，学校加项目的起名方式也比较新颖。"脑机 AI 原创技术与产业化先行者",用副标题辅助说明主标题。"脑机 AI",解释项目研究方向并凸显项目科技感;"原创技术",说明技术为原创技术;"产业化",表明项目已商业化,并与"原创技术"形成对比,体现项目已落地,不再是"实验室技术";"先行者",体现出项目创新。第二部分是项目介绍视频,该项目路演开始为项目 VCR 展示。①开头用问句的形式,将人带入寻求解答的角色。再用"这是……,通过……,实现……"句式直观地说明项目基本情况;②使用"市场规模超万亿""打破国际垄断""独创领先竞争对手 5~10 年"将项目前景、项目亮点、核心竞争力点出,简单且有说服力,让评委对项目有更立体深刻的第一印象。第三部分是项目背景,①开头通过项目市场的简述,展示出巨大的项目前景,再用"万亿级的潜在市场",印证项目前景广阔;②通过简述现有技术瓶颈对应用的制约,引出团队在该领域的研究,用数字"深耕 20 年"与"领先突破"传递出项目真实可行的信息。第四部分是技术创新,①技术凸显亮点,用"填补技术空白""95%准确率""快 7 倍"等词汇直观地让人感受到技术成效、项目亮点,并佐证了项目可行性;②体现评审要点,两项自主研发技术、一项首创技术,表现出原始创新与技术突破,体现了所处赛道创新维度的评审要求。第五部分是项目现状/成果展示,①体现评审要点,对已注册公司的参赛项目"1 亿元经费""59 项专利",资金加专利支撑,契合商业维度成长性的考核,体现评审要点;一定数量的专利、期刊论文、奖项,具有原始创新或技术突破,体现了评审要点;媒体报道的数据、相关人士认可,是项目获得认可的依据,同时也体现行业认可,符合创新维度的评审要点。②体现项目可行性,"300 多名患者""订单突破"等具体项目落地的数据,强有力地说明项目可行且正在执行。第六部分是商业模式,一方面我们针对不同的细分行业为客户提供脑机 AI 应用解决方案,另一方面我们输出标准化的脑机软硬件平台,让脑机 AI 新基建赋能各行业助力产业升级。第七部分是引领教育带动就业,预计带动就业人数、培养产研人才,体现就业维度、引领教育的评审要点。第八部分是项目团队,①团队成员背景背书很重要,行业大拿、资深研究人等背景信息,一定程度上能体现项目团队的专业性,让人信服项目;②成员稳定性是团队维度新增的评审要点,可用全职创业、某行业研究年限、个人资金入股等作为证明,以体现评审要点。

四、路演实战模拟

(一)分组进行模拟路演练习

　　为了更好地准备实战路演,可以通过分组进行模拟练习,这样的练习可以帮助参与者熟悉路演的流程,提高应对实际情况的能力。

　　1. 组建小组:根据参与者的数量和背景,将他们分成若干小组,每组负责一个模拟路演项目。

　　2. 分配角色:在每个小组内,根据成员的专长和经验分配角色,如演讲者、提问者、评委等。

3．准备材料：每个小组需要准备路演所需的材料，包括 PPT、演讲稿、可能提问的问题列表等。

（二）模拟真实路演环境

为了使模拟练习尽可能接近真实情况，应该模拟以下环节。

1．演讲环节：模拟演讲者在限定时间内完成演讲，确保内容覆盖所有关键点。

2．问答环节：演讲结束后，由其他小组成员或指定的提问者提出问题，模拟真实的问答环境。

3．时间控制：设置时间限制，模拟真实路演中对时间的严格要求。

（三）其他组员作为观众和评委提供反馈

模拟路演的观众和评委由其他组员担任，他们的角色包括以下内容。

1．积极倾听：作为观众，组员需要认真倾听演讲内容，模拟真实听众的反应。

2．提问：作为提问者，组员可以根据演讲内容提出问题，这些问题可以是预先准备的，也可以是即兴的。

3．提供反馈：作为评委，组员需要对演讲者的表现提供建设性的反馈，包括演讲内容、表达方式、时间控制等方面。

通过这样的模拟实战练习，参与者可以在一个安全的环境中尝试不同的策略，接受反馈，并不断改进自己的路演技巧。这不仅有助于提高他们的演讲能力，还能增强他们在面对压力和不确定性时的自信和应变能力。

五、反馈与总结

（一）分享路演体验和学习点

在完成模拟路演练习后，分享体验和学习点是一个重要的步骤，它有助于巩固所学知识并识别改进空间。

1．个人反思：每个参与者都应该花时间反思自己在路演中的表现，包括成功的地方和遇到的挑战。

2．团队讨论：小组成员可以共同讨论他们在路演中观察到的亮点和不足，以及他们从其他团队中学到的经验。

3．开放分享：鼓励所有参与者开放地分享他们的体验，无论是正面的还是负面的，以便所有人都能从中学习。

（二）教师总结路演技巧和常见错误

教师或导师的角色在于指导和提供专业的反馈。

1．总结技巧：回顾有效的路演技巧，如清晰的信息传达、有效的视觉辅助和自信的演讲风格。

2．指出常见错误：指出在模拟路演中常见的错误，如时间管理不当、信息过载或对问题的回应不佳。

3．提供专业建议：基于他们的经验和专业知识，提供改进建议和策略。

（三）讨论如何根据反馈进行改进

最后，如何利用收到的反馈进行改进是提高路演技能的关键。

1．识别关键领域：确定需要改进的关键领域，如演讲技巧、内容组织或互动方式。

2．制订行动计划：为每个改进领域制订具体的行动计划，包括练习方法和目标。

3．持续练习：将改进融入日常练习中，通过持续的练习来提高路演技能。

4．定期回顾：定期回顾进展和成果，确保持续改进。

通过这样的反馈和总结过程，参与者不仅能够识别自己的不足，还能够加深对路演技巧的理解，从而在未来的路演中取得更好的成绩。

教学活动

活动一　分组讨论与项目选择

这个教学活动旨在帮助学生通过团队合作深入了解创业项目，并准备路演所需的各项要素。以下是活动的具体步骤和指导原则。

步骤一：分组与项目选择

1．分组：教师将学生分成若干个小组，每组的人数应根据班级规模和活动目标来确定，通常4～6人一组较为合适。

2．项目选择：每组从一系列预先准备好的创业项目中选择一个进行讨论，或者允许学生团队自行构思一个创业项目。

步骤二：讨论与确定主题

1．讨论：每个小组进行头脑风暴，讨论所选项目的市场潜力、竞争优势、商业模式等关键要素。

2．确定主题：基于讨论结果，小组共同确定一个清晰的路演主题，该主题应能够吸引听众的注意，并准确传达项目的核心价值。

步骤三：角色分配与任务规划

1. 角色分配：根据路演的需要，小组内部分配不同的角色，如主讲人、PPT操作者、数据分析师、时间管理员等。

2. 任务规划：每个角色根据其职责分配具体的任务，如主讲人负责撰写演讲稿，PPT操作者负责制作演示文稿等。

活动准备：

1. 确保教室内有足够的电脑和投影设备供学生使用。

2. 准备角色卡，上面写有投资者和创业者可能的角色特征和提问风格。

3. 准备反馈表，用于学生在活动结束后填写他们的体验和学习点。

指导原则：

1. 鼓励合作：教师应鼓励学生之间的开放沟通和协作，以确保每个成员都能积极参与并贡献自己的力量。

2. 明确目标：确保每个小组都明确路演的目标，无论是为了吸引投资、寻找合作伙伴，还是提升品牌知名度。

3. 提供资源：教师应提供必要的资源和指导，帮助学生更好地了解市场分析、商业模式构建等相关知识。

4. 时间管理：强调时间管理的重要性，确保每个小组都能在规定的时间内完成讨论和准备工作。

通过这个活动，学生不仅能够学习如何分析和选择创业项目，还能够在团队合作中锻炼沟通、协调和时间管理等关键技能，为后续的路演准备打下坚实的基础。

活动二　PPT设计与制作

此活动旨在提升学生的设计和制作PPT的能力，确保他们的路演内容不仅信息丰富、逻辑清晰，而且在视觉上能吸引听众的注意力。以下是活动的具体步骤和教师指导要点。

步骤一：内容梳理与设计规划

1. 内容梳理：小组成员回顾之前的讨论结果，将关键信息点整理出来，形成PPT的大纲。

2. 设计规划：讨论并决定PPT的整体设计风格，包括色彩方案、字体选择、图像和图表的使用等。

步骤二：PPT制作与视觉优化

1. PPT制作：利用制作PPT的软件，根据大纲和设计规划，小组成员开始制作演示文稿。

2. 视觉优化：在PPT中合理使用图表、图像和动画效果，以增强信息的传达效率和吸引力。

步骤三：提供指导与确保质量

1．提供指导：教师在学生制作 PPT 的过程中提供一对一的指导，帮助他们改进设计和内容。

2．确保质量：教师确保每个 PPT 的内容都是清晰、有逻辑的，并且视觉吸引力强，符合路演的要求。

指导要点：

1．内容的逻辑性：指导学生如何组织内容，确保 PPT 的逻辑性和连贯性。

2．视觉一致性：强调整个 PPT 在色彩、字体和布局上保持一致性，以提升专业感。

3．信息图表化：教授学生如何将复杂的数据和信息通过图表、图像进行简化和可视化。

4．避免过度装饰：指导学生避免使用过多的动画和特效，以免分散听众的注意力。

5．练习演讲：鼓励学生在 PPT 完成后进行演讲练习，确保他们熟悉每一页的内容和转场。

通过这个活动，学生将学会如何设计和制作高质量的 PPT，这对于他们未来的创业路演和职业发展都是非常重要的技能。教师的指导和反馈将帮助学生不断改进，最终制作出能够准确传达项目价值和吸引投资者注意的 PPT。

活动三　模拟路演与反馈

这个教学活动的核心是让学生通过模拟真实的路演环境来练习演讲技巧并应对提问，同时收集反馈以进行改进。以下是活动的具体步骤和实施要点。

步骤一：模拟路演准备

1．环境设置：模拟一个真实的路演环境，包括设置讲台、投影设备，并安排听众席位。

2．角色分配：确定每组的路演成员和模拟听众，教师和其他学生可以充当投资者、行业专家或潜在客户等角色。

步骤二：进行模拟路演

1．演讲练习：每组按照预定的时间和流程进行模拟路演，包括项目介绍、商业模式阐述、市场分析等。

2．问答环节：路演结束后，模拟听众提出问题，路演团队进行回答，练习应对各种可能的提问。

步骤三：收集反馈与评估

1．收集反馈：模拟路演结束后，听众和教师提供反馈，包括演讲内容、表达方式、PPT 设计、互动效果等方面。

2．评估：每组根据收到的反馈进行自我评估和总结，识别优点和需要改进的地方。

实施要点：

1．真实模拟：确保模拟路演尽可能接近真实情况，包括时间限制、提问的深度和广度等。

2. 全面反馈：鼓励提供具体、建设性的反馈，帮助学生了解自己的表现，并指导他们如何改进。

3. 鼓励互动：在问答环节，鼓励所有参与者积极提问和讨论，模拟真实的互动场景。

4. 心理支持：提供心理支持和鼓励，帮助学生克服在公众场合演讲的紧张和不安。

5. 技巧指导：教师应提供专业的演讲和应对提问的技巧指导，帮助学生提高表现能力。

通过这个活动，学生将能够在一个相对安全的环境中尝试和练习，从而在实际的路演中更加自信和从容。教师和同伴的反馈将为他们提供宝贵的学习机会，帮助他们在未来的路演中取得更好的成绩。

活动四　总结与提升

这个教学活动旨在帮助学生通过反思和总结来巩固所学知识，并制订提升计划以优化未来的路演表现。以下是活动的具体步骤和教师的指导要点。

步骤一：填写反馈表和分享体验

1. 填写反馈表：学生个人填写路演反馈表，记录自己在路演过程中的总体体验、成功之处以及遇到的挑战。

路演反馈表

姓名：_____
项目名称：_____
路演日期：_____

一、总体体验
请描述您对整个路演过程的总体感受。您感到满意、紧张、兴奋还是其他？为什么？

二、成功之处
您认为在路演中哪些方面做得比较好？请列举1~3个您认为做得成功的方面。

三、遇到的挑战
在路演过程中，您遇到了哪些挑战或困难？这些挑战是如何影响您的路演的？

四、感受与反思
路演后，您有哪些感受和反思？您认为自己在哪些方面可以改进？

五、具体改进措施
基于您的反思，您打算采取哪些具体措施来改进您的路演技巧？

六、其他建议
您对路演准备或执行过程中有哪些建议或想法，可以帮助您或其他同学在未来的路演中表现得更好？

---

2. 分享体验：学生在小组或全班范围内分享他们的路演体验，鼓励彼此学习和交流。

步骤二：教师总结与提升策略

1. 教师总结：教师根据学生的反馈和表现，总结本次教学单元的关键知识点，如路演的结构、内容的重要性、演讲技巧等。

2．提升策略：教师提供提升路演效果的策略和建议，帮助学生在未来的路演中更好地展示自己的项目。

指导要点：

1．反思的重要性：强调反思在学习和提升中的作用，鼓励学生认真对待反馈和总结过程。

2．具体化建议：提供具体可行的改进建议，比如：如何改进 PPT 设计、如何更有效地传达关键信息等。

3．持续学习：鼓励学生将路演视为一个持续学习和提升的过程，不断练习和完善自己的技能。

4．建立自信：帮助学生建立自信，鼓励他们在面对挑战和失败时保持积极的态度。

5．制订个人发展计划：指导学生根据反馈制订个人的发展计划，明确下一步的学习目标和行动计划。

通过这个活动，学生将能够更深入地理解路演的关键要素，学会如何从经验中学习，并制定出有针对性的提升策略。教师的总结和指导将进一步巩固学生的学习成果，为他们在未来的创业路演中取得成功打下坚实的基础。

学习单元四
创业法务如何筹划

> 人们嘴上挂着的法律，其真实含义是财富。
> ——爱献生

面对国内外的复杂形势，经济社会发展的各类问题，学生的就业形势较为严峻，促使学生创业问题越来越受到各方面的重视。引导和鼓励学生创业不仅有利于创新型人才培养，而且通过创业能够带动就业，大大缓解就业压力。在法治社会中，创业活动离不开法治环境的保障，创业者不仅要具备经济、管理等知识，更需要具备依法创业的素质、能力，因此法律素质的培养是学生创业教育的应有之义。

随着社会的发展和科技的进步，越来越多的学生选择创业来实现自己的价值和梦想。然而，创业过程中会遇到各种挑战和困难，其中一些甚至导致创业的失败。在创业过程中，缺乏创业法务知识是导致创业失败的主要因素之一。

案例及分析

▶ 案例一

小李是一位学生创业者,他开了一家电子商务公司,销售家居用品。为了提高销售额,小李在未经授权的情况下使用了某品牌的商标,并在自己的网站和社交媒体上宣传。不久后,该品牌向小李发送了警告信,要求他停止使用商标并赔偿损失。小李才意识到问题的严重性。他被该品牌起诉侵犯商标权,最终关闭了公司并赔偿了大量损失。

这个案例表明,创业者需要了解和遵守相关的法律法规,特别是与商业活动相关的法律。如果小李在创业之初就寻求专业的法律咨询并得到正确的指导,他就可以避免侵犯商标权的问题,成功地开展业务。由此可见,法律知识对于创业成功至关重要。

▶ 案例二

有三位怀揣创业梦想的学生,每人投资4000元准备一起开店。经过考察后,他们看中了校园附近的一家闲置店面,承租者是一位姓孙的老板。孙老板同意以1.2万元的价格转让这个店面两年的使用权,但不能让房东知道。然而,在店面装修过程中,房东前来阻挠并在店门上了锁,终止了他们的创业之路。原来孙老板并非店面的房东,而三位小伙也没有意识到租房需要通过房东同意。根据《中华人民共和国民法典》第七百一十六条,承租人经出租人同意,可以将租赁物转租给第三人。承租人转租的,承租人与出租人之间的租赁合同继续有效;第三人造成租赁物损失的,承租人应当赔偿损失。承租人未经出租人同意转租的,出租人可以解除合同。

▶ 案例三

有一位学生创业者在电商平台经营了一家网店,主要销售家乡特产。为了增加销售额,他开始在社交媒体上宣传自己的产品,并招募了几个学生代理来推销产品。但是,由于对电商法律法规的了解不足,他的网店很快被投诉存在质量问题。经过调查发现,他的部分产品存在以次充好、虚假宣传等问题,而且他没有与代理商签订合同,导致代理商的佣金无法得到保障。最终,他的网店被电商平台关闭,他的创业计划也宣告失败。《中华人民共和国电子商务法》自2019年1月1日起施行,是我国第一部电商领域的综合法律,主要对电子商务活动进行规范和促进,主要规定了电商经营者的义务和权利,包括遵循自愿、平等、公平、诚信的原则,遵守法律和商业道德,公平参与市场竞争,履行消费者权益保护、环境保护、知识产权保护、网络安全与个人信息保护等方面的义务,承担产品和服务质量责任,接受政府和社会的监督。

一、为什么要了解创业法务

（一）分析原因

创业是一项复杂的任务，需要多方面的知识和技能，其中包括法律知识。缺乏法律知识可能会导致创业失败，具体原因如下。

1．合同问题：如果在业务中涉及合同，如与供应商、客户或投资者签署的协议，而缺乏法律知识可能会导致合同条款不清晰、不公平或违法，这可能会导致合同无效、产生纠纷或面临法律诉讼。

2．知识产权问题：如果创业涉及知识产权，如商标、专利或著作权，而缺乏法律知识可能会导致侵权行为，被竞争对手或其他方指控侵权，进而面临法律诉讼和赔偿。

3．劳动法律问题：如果创业涉及雇佣员工，而缺乏法律知识可能会导致违反劳动法律的相关规定，如劳动合同不合法、工资支付不合法或员工福利不合法等，这可能会导致被劳动监察部门罚款或面临法律诉讼。

4．税务问题：如果创业涉及税务，而缺乏法律知识可能会导致税务违规行为，如未按时缴纳税款、少报税款或违反税务规定等，可能会导致被税务部门罚款或面临法律诉讼。

因此，为了确保创业成功、避免不必要的法律风险，建议学生创业者寻求专业的法律咨询，并确保遵守相关法律法规。

（二）学习创业法务的主要作用

随着经济全球化和信息时代的到来，创新和创业已经成为社会发展的重要驱动力。学生作为社会的新生代，他们的创新创业意识和能力将决定着国家未来的发展方向和潜力。在这种背景下，学生创新创业法律教育变得越发重要。

1．有序实施创业行为的现实需要

学生创业不仅仅是创业项目接受市场需求检验的过程，也是与不同的政府部门、风险投资公司协商互动的过程。学生创业涉及创业实体的登记注册、创业资金的募集筹措、公司章程的编制、企业印章的刻制、机构代码的办理等流程，这些流程程序复杂并要求严格，很多时候成为阻碍学生创业进程的因素。但事实上，《中华人民共和国中小企业促进法》等法律法规已经对创业流程做出了清楚明确的规定。学生只要熟悉这些创业的法律法规，就可以避免"不碰壁"和"少走弯路"。另外，学生缺乏法律素养和法律技能，不善于运用创业的优惠政策，就很难将学生创业的优势凸显出来，无形中增加了创业的阻力。学生创业在融资、场地、贷款、税收、培训等方面享有国家的特殊照顾，但这些创业优惠政策作用发挥的重要前提之一是学生熟悉并能够有效合理地利用它们。只有熟悉创业优惠政策申请的要求、程序，掌握与行政部门良性互动的法律技能，才能更好地充分利用学生创业的优惠政策，才不会让这些优惠政策成为"一纸空文"。

2．有效规避创业法律风险的必然要求

学生社会阅历相对较浅，创业经验相对缺乏，这导致他们创业过程中很容易误入歧途。学生创业涉及多个不同环节，稍有不慎就可能行为失范，招致不必要的法律风险。学生创业过程中可能面临的法律风险不胜枚举，包括非法集资、违规经营、侵犯知识产权、服务或产品质量不过关等。学生创业面临的法律风险不仅对商业信誉带来严重的打击，很多时候直接成为创业失败的导火索。以学生筹措创业资金为例，民间融资与非法集资在行为形式上具有相似性，辨别起来具有难度，学生缺乏法律知识与法律技能，就很可能不清楚正当资金募集与非法集资的界限，在创业实践中就可能误将非法集资当成民间融资，产生不必要的法律困扰。

3．有力维护创业权益的自身要求

学生创业起点较低，且创业资金相对有限。如果创业过程中合法权益遭受非法侵害，可能导致的结果就是创业失败。学生的正当权益被侵害而不自知，或者知道却不懂得如何捍卫合法权益，最终陷入被动无奈的窘境。学生在与合作者、经销商、消费者等发生纠纷时，除了具备必要的协商和解的技巧，仲裁和诉讼是解决矛盾及维护正当权益的最有效手段。因此，促使学生熟悉运用法律法规，有效甄别和避免商业诈骗等陷阱，增强保护合法权益的意识和能力，已成为提高创业成功率的现实需要。换言之，在创业教育中，要有意识地提高学生的法律意识，鼓励他们学习和掌握与创业相关的法律知识技能。这样，当学生在参与市场生产经营活动并遭遇不法侵害时，能够运用法律武器来维护合法权益。

（三）学习创业法务的意义

1．增强法律意识

学生在进行创新创业时，势必要面对各种法律问题。在创建企业的过程中，需要注册公司、签订合同、保护知识产权等，这些都需要对法律有一定的了解。如果学生没有接受过相关的法律教育，就很容易违法或者侵权。而且，在日常经营中，学生也需要处理员工劳动纠纷、合作伙伴纠纷等问题，这也需要有清晰的法律意识和法律知识作为后盾。创业法律教育可以帮助学生增强法律意识，避免法律风险。

2．增强风险意识

创新创业涉及的风险很多，有市场风险、技术风险、竞争风险等。而且，国家的政策法规变动也可能会给创业者带来一定的风险。接受创业法律教育可以帮助学生了解不同风险的来源和程度，从而有针对性地制定风险管理策略。创业法律教育还可以帮助学生了解法律的保护范围，预先做好风险应对措施。

3．保护知识产权

在创新创业的过程中，知识产权的保护尤为重要。对于大部分的初创企业来说，知识产权可能是最核心的竞争力。如果没有接受过创业法律教育，学生就很容易疏忽知识产权的保护。通过创业法律教育，学生可以了解到知识产权的种类、保护方式和侵权救济方式，这些都有利于提高知识产权保护的意识和能力。

4. 规范经营行为

在创业的过程中，不规范的经营行为会给企业带来很大的风险。不合法的经营手段、不合规的广告宣传和不合规的市场投放等都有可能触犯法律。创业法律教育可以帮助学生了解哪些经营行为是违法的，从而规范企业的经营行为，减少违法风险。

二、学生创新创业法务知识

在当今"以创业带动就业""大众创业、万众创新"的时代背景下，学生作为具有一定知识背景的创业者，在创业方面有许多的优势：头脑灵活、思维敏捷、敢于打破常规、创新能力强等，同时也有一些劣势：起步规模有限、社会经验不足、风险应对与承受能力弱等。学生作为特殊的创业群体，在创业过程中存在着比其他创业者更多的风险，如市场风险、决策风险、法律风险等。虽然市场风险、决策风险等在一定程度上具有一定的可测性，但是，相对而言，法律风险的可测性更高。因此，学生在创业中应当学习、了解并熟悉我国的相关法律规定，以应对创业中的法律问题，保障自己的创业道路顺畅。

（一）公司注册流程

1. 确定公司名称并进行核名。
2. 确定公司的注册地址和注册资金。
3. 提交公司的股东信息和经营范围。
4. 在线提交预申请，并递交相关材料。
5. 工商部门对提交的材料进行审核。
6. 审核通过后，领取营业执照。
7. 刻制公司公章、财务章、合同章、法人代表章、发票章等必要印章。

（二）公司注册流程中需要关注的法律要点

1.《中华人民共和国公司法》基本要求

在公司注册之前，创业者需要了解并遵守《中华人民共和国公司法》及其相关法规的基本要求。这包括公司登记、公司董事的资格和义务、公司债券、公司解散和清算等。

2. 公司章程制定

公司章程是公司的宪章性文件，对公司的内部管理和运营具有重要意义。在制定公司章程时，必须遵守《中华人民共和国公司法》中关于章程内容、制定程序、修改程序等方面的规定，确保章程的合法性和有效性。

3．名称预先核准规则

在选择公司名称时，创业者需要遵守《企业名称登记管理规定》，确保公司名称的合法性、独特性和规范性。同时，还需要在工商行政管理机关进行名称预先核准，以确保所选名称的可用性。

4．注册资本与出资

注册资本是公司成立时的基础资金，对于不同类型的公司有不同的最低注册资本要求。创业者需要了解并遵守《中华人民共和国公司法》中关于注册资本的规定，包括注册资本的来源、缴纳方式、缴纳期限等。

5．公司组织机构设置

公司必须设立相应的组织机构，如股东大会、董事会、监事会等，以确保公司的正常运营和管理。在设置组织机构时，创业者需要遵守《中华人民共和国公司法》中关于组织机构设置的规定，确保组织机构的合法性和有效性。

6．公司住所与经营地

公司必须拥有合法的住所和经营地，这是公司进行经营活动的基本条件。在选择公司住所和经营地时，创业者需要遵守当地的相关规定，确保住所和经营地的合法性和合规性。

7．银行账户开立规定

公司成立后，需要开立银行账户以进行资金管理和交易。在开立银行账户时，创业者需要遵守中国人民银行及其相关机构的规定，确保银行账户的合法性和安全性。

8．公司证照申请与领取

公司注册完成后，需要申请和领取相应的证照，如营业执照、组织机构代码证、税务登记证等。创业者需要了解并遵守相关部门的证照申请和领取规定，确保公司能够顺利取得所需的证照并合规经营。

（三）合同协议签订流程中需要关注的法律要点

1．常见合同

在创业过程中，合同与协议的签订是至关重要的。创业者应了解合同法的基本原则，确保合同的合法性和有效性。常见的合同包括以下几种。

（1）股东协议：明确股东之间的权益、责任和义务。

（2）劳动合同：与员工签订，规定工作内容、薪资、福利等。

（3）购销合同：与供应商或客户签订，明确买卖双方的权利和义务。

（4）租赁合同：租赁办公场地或设备时签订，规定租赁期限、租金等。

2．合同协议签订需要关注的法律要点

（1）合同类型：熟悉不同类型的合同，如买卖合同、租赁合同、服务合同等，以及它们各自的特点和适用场景。在创业过程中选择合适的合同类型至关重要。

（2）合同要素和形式：了解合同的必备要素（如当事人、标的、数量、质量、价款或报酬、履行期限等），以及合同的形式要求（如书面合同、口头合同等）。

（3）合同订立和履行：掌握合同订立的程序（如要约、承诺等）和合同履行过程中的注意事项（如加害履行、加害给付等）。

（4）合同变更和解除：了解合同变更和解除的条件、程序和后果，以便在创业过程中灵活应对各种情况。

（5）违约责任：熟悉违约责任的种类、承担方式和免责事由，以便在对方违约时能够采取合适的救济措施。

（6）争议解决：了解合同争议的解决方式，如协商、调解、仲裁和诉讼等，以及各种方式的优缺点和适用场景。

（7）特定行业法规：如果创业涉及特定行业（如金融、房地产等），还需要了解该行业的特定法规和要求，以确保合同和协议的合规性。

总之，在创业过程中，了解与合同和协议相关的法律知识是维护自身权益和利益的重要保障。创业者应在实际操作中不断学习和积累相关知识，或寻求专业律师的帮助，以确保合同和协议的合法性和有效性。

（四）知识产权保护

1. 知识产权的定义

知识产权是指权利人对其智力劳动所创作的成果享有的财产权利，它通常是国家赋予创造者对其智力成果在一定时期内享有的专有权或独占权。知识产权是一种无形财产权，它与房屋、汽车等有形财产一样，都受到国家法律的保护，都具有价值和使用价值。有些重大专利、驰名商标或作品的价值也远远高于房屋、汽车等有形财产。

2. 《中华人民共和国专利法》概述

《中华人民共和国专利法》是为了保护专利权人的合法权益，鼓励发明创造，推动发明创造的应用，提高创新能力，促进科学技术进步和经济社会发展，而制定的法律。其主要内容包括专利的申请、专利申请的审查和批准及专利权的保护等事项。

3. 《中华人民共和国商标法》概述

《中华人民共和国商标法》是为了加强商标管理，保护商标专用权，促使生产、经营者保证商品和服务质量，维护商标信誉，以保障消费者和生产、经营者的利益，促进社会主义市场经济的发展，而制定的法律。《中华人民共和国商标法》规定了商标注册的申请、审查和标准，注册商标的续展、变更、转让和使用许可等方面的基本规则。

4. 《中华人民共和国著作权法》概述

《中华人民共和国著作权法》是为保护文学、艺术和科学作品作者的著作权，以及与著作权有关的权益，鼓励有益于社会主义精神文明、物质文明建设的作品的创作和传播，促进社会主义文化和科学事业的发展与繁荣，根据宪法制定的法律。

5．知识产权侵权

知识产权侵权是指未经权利人许可，以营利为目的，擅自使用他人的智力劳动成果，如抄袭、模仿、盗版等。这种行为不仅侵犯了权利人的合法权益，也破坏了市场的公平竞争秩序。

6．知识产权许可

知识产权许可是指知识产权权利人允许他人在一定条件下使用其知识产权的行为。知识产权许可可以是独占许可、排他许可或普通许可，具体取决于双方协议的约定。知识产权许可有助于知识产权的推广和应用，也是知识产权权利人获取经济回报的一种途径。

7．知识产权管理

知识产权管理是对知识产权的创造、运用、保护和管理活动进行规划、组织、协调和控制的过程。知识产权管理包括知识产权的申请、审查、维护、保护、转让和维权等事务。有效的知识产权管理可以保护企业的核心竞争力，提高企业的市场竞争力。

8．国际保护协定

为了加强国际的知识产权保护合作，各国之间签订了一系列的知识产权保护协定，如《保护工业产权巴黎公约》《商标国际注册马德里协定》《保护文学和艺术作品伯尔尼公约》等。这些协定旨在促进知识产权的国际保护，加强各国之间的合作与交流，为知识产权的国际保护提供法律保障。

知识产权是创业公司的核心资产之一，包括商标、专利、著作权等。创业者应重视知识产权的保护，采取以下措施。

（1）及时申请商标注册，保护品牌形象。

（2）对创新技术申请专利保护，防止技术泄露和侵权。

（3）对原创作品进行著作权登记，维护创作成果。

综上所述，知识产权保护需要了解的多个方面法律知识，包括知识产权的定义、《中华人民共和国专利法》《中华人民共和国商标法》《中华人民共和国著作权法》、知识产权侵权、知识产权许可、知识产权管理及国际保护协定等。这些法律制度和规定为知识产权的保护和管理提供了全面的法律保障，为企业的创新和发展创造了良好的法治环境。

（五）劳动法规遵守

1．《中华人民共和国劳动法》基础

创业者在开始雇佣员工之前，首先需要了解《中华人民共和国劳动法》的基础知识。这包括劳动合同、工资、职业培训等。《中华人民共和国劳动法》是为了保护劳动者的合法权益，调整劳动关系，建立和维护适应社会主义市场经济的劳动制度，促进经济发展和社

会进步，根据宪法而制定的法律。

2．员工权益保障

在劳动法规中，员工的权益保障是非常重要的一部分。这包括工资、工作时间、休息休假、社会保险和福利等方面的规定。创业者需要确保公司规定符合劳动法规，保障员工的合法权益。

3．劳动合同管理

劳动合同是劳动者与用人单位之间建立劳动关系的法律文件。创业者需要了解劳动合同的签订、变更、解除等方面的规定，确保合同内容合法、合规，并妥善管理劳动合同。

4．试用期与服务期

试用期是劳动者与用人单位相互适应、协商选择的过程。创业者需要了解试用期的规定，包括试用期的期限、待遇、考核等方面。同时，服务期也是劳动合同中常见的内容，创业者需要了解服务期的相关规定。

5．商业秘密与竞业禁止

对于创业公司来说，商业秘密和竞业禁止是非常重要的内容。创业者需要了解如何保护公司的商业秘密，以及如何与员工签订竞业禁止协议，防止核心技术和商业信息的泄露。

6．社会保险与福利

社会保险是保障劳动者基本生活权益的重要制度。创业者需要了解社会保险的种类、缴纳比例、待遇等方面的规定，确保员工的社会保险权益得到保障。同时，福利也是吸引和留住人才的重要手段，创业者需要了解相关的福利政策。

7．劳动争议处理

在劳动关系中，难免会出现一些争议。创业者需要了解劳动争议的处理方式，包括协商、调解、仲裁、诉讼等途径。同时，创业者也需要了解如何预防劳动争议的发生，维护企业的和谐稳定。

8．法律责任与风险

创业者在劳动法规方面还需了解可能面临的法律责任和风险。例如，违反劳动法规可能会导致行政处罚、经济赔偿甚至刑事责任等。因此，创业者需要严格遵守劳动法规，确保企业的合规运营。

创业公司在招聘和管理员工时，必须遵守劳动法规，保障员工的合法权益，具体包括以下几点。

（1）按时足额支付员工工资。

（2）为员工缴纳社会保险和公积金。

（3）遵守劳动时间、休息休假等规定。

（4）保障员工的安全生产条件。

总之，创业者在创业过程中需要全面了解劳动法规的相关内容，确保公司的规定符合法律法规的要求，保障员工的合法权益，同时促进企业的发展。

（六）税务合规要求

创业公司应按照国家税收法规纳税，确保税务合规。具体要求包括：一是按照规定的时间和程序进行税务登记；二是按时申报和缴纳各项税款；三是合理规划税务，降低税务风险。

1. 税务登记与纳税义务

公司成立后，需要在规定的时间内进行税务登记，并按照国家的税收法规纳税。创业者需要了解并遵守《中华人民共和国税收征收管理法》及其相关法规的规定，确保公司的税务合规和纳税义务履行。

2. 《中华人民共和国增值税暂行条例》

《中华人民共和国增值税暂行条例》是规范增值税征收和管理的法律依据。企业应该依据《中华人民共和国增值税暂行条例》的规定履行纳税义务，遵守增值税发票开具、抵扣、申报、缴纳等方面的法定义务，确保企业的税务合规性。

3. 《中华人民共和国个人所得税法》

《中华人民共和国个人所得税法》是规范个人所得税征收和管理的法律依据。企业应该依据《中华人民共和国个人所得税法》的规定履行个人所得税预扣预缴义务，遵守纳税申报、缴纳税款等方面的法定义务，确保企业的税务合规性。

4. 《中华人民共和国企业所得税法》

《中华人民共和国企业所得税法》规定了企业应缴纳的企业所得税的计算、申报、缴纳等程序和要求。了解《中华人民共和国企业所得税法》可以帮助企业正确计算税款，避免因计算错误或遗漏导致的税务风险。

5. 《中华人民共和国印花税法》

《中华人民共和国印花税法》是关于印花税征收和管理的法律依据。印花税是对特定合同、凭证等文件征收的税，企业应了解印花税的征收范围、税率、申报缴纳等规定。

6. 《中华人民共和国会计法》

《中华人民共和国会计法》是规范会计核算和管理的法律依据。企业应依据《中华人民共和国会计法》的规定进行会计核算和管理，遵守会计凭证填报、会计账簿和财务报表的真实性和准确性等法定义务，以确保企业的税务合规性。

此外，还有其他一些相关的法律法规需要学生创业者在税务合规方面有所了解，如《中华人民共和国税收征收管理法》《中华人民共和国行政复议法》等。

（七）市场监管规定

创业公司在市场经营活动中，应遵守市场监管规定，维护市场秩序和公平竞争。具体要求包括：遵守广告宣传规范，不进行虚假宣传；遵守价格管理规定，不进行价格欺诈；遵守产品质量标准，确保产品质量安全。

市场监管规定应了解的法律如下。

1．《中华人民共和国反垄断法》

《中华人民共和国反垄断法》是维护市场竞争秩序、防止市场垄断行为的重要法律。它旨在预防和制止垄断行为，保护市场公平竞争，鼓励创新，提高经济运行效率，维护消费者利益和社会公共利益，促进社会主义市场经济健康发展。市场监管者需要了解《中华人民共和国反垄断法》，确保市场上的公平竞争。

2．《中华人民共和国消费者权益保护法》

《中华人民共和国消费者权益保护法》是保护消费者合法权益的基本法律。它规定了消费者的权利、经营者的义务等。市场监管者需要了解《中华人民共和国消费者权益保护法》，确保市场上的商品和服务符合消费者权益保护的要求。

3．《中华人民共和国广告法》

《中华人民共和国广告法》是规范广告活动的法律。它规定了广告内容准则、广告行为准则、监督管理和法律责任。市场监管者需要了解《中华人民共和国广告法》，对市场上的广告活动进行监管，保护消费者免受虚假广告的侵害。

4．《中华人民共和国商标法》

《中华人民共和国商标法》是保护商标权益的法律。它规定了商标注册的申请、审查和核准等。市场监管者需要了解《中华人民共和国商标法》，打击商标侵权行为，维护市场的公平竞争秩序。

5．《中华人民共和国产品质量法》

《中华人民共和国产品质量法》是规范产品质量的法律。它规定了产品的质量标准、检测认证、责任追究等方面的要求。市场监管者需要了解《中华人民共和国产品质量法》，确保市场上的产品质量符合法律法规的要求，保障消费者的合法权益。

6．《中华人民共和国反不正当竞争法》

《中华人民共和国反不正当竞争法》是打击不正当竞争行为的法律。它规定了不正当竞争行为的认定、法律责任等方面的要求。市场监管者需要了解《中华人民共和国反不正当竞争法》，打击市场上的仿冒、虚假宣传、商业贿赂等不正当竞争行为，维护市场的公平竞争秩序。

综上所述，市场监管者需要全面了解这些法律法规，以便更好地履行市场监管职责，维护市场的公平竞争秩序，保护消费者和投资者的合法权益。同时，随着市场经济的不断发展，市场监管者还需要关注法律法规的更新变化，及时调整监管策略，适应市场发展的新要求。

学习创业法律是学生创业者必备的技能之一。通过深入了解创业法律基础等知识，学生创业者可以为自己的创业之路提供坚实的法律保障。

学生学习创业法律需要系统地进行，包括了解法律基础、参加课程、寻求专业指导、阅读文献、实践应用和总结提高等方面。通过不断学习和实践，学生可以为自己未来的创业之路奠定坚实的法律基础。

三、学生创业常见法律纠纷

1. 合同纠纷

在创业过程中，合同是合作与交易的基础。合同纠纷常常涉及合同条款不明确、履行不力、违约等问题。处理合同纠纷时，创业者应首先查阅合同条款，明确权利义务，尝试通过友好协商解决；若无法解决，则可以考虑法律途径，如调解、仲裁或诉讼。

2. 知识产权侵权

知识产权是创业企业的重要资产。常见的知识产权侵权纠纷包括商标、专利、著作权等。一旦发现侵权行为，创业者应立即收集证据，与侵权方沟通并要求停止侵权行为；若对方不予理睬，可以考虑通过法律途径维护自身权益。

3. 劳动人事争议

劳动人事争议是创业过程中常见的问题，涉及员工招聘、薪酬福利、劳动合同等。处理这类争议时，创业者应了解相关法律法规，与员工进行沟通协商，尽量达成和解；若无法和解，可以考虑通过调解、仲裁或诉讼解决。

4. 商业秘密保护

商业秘密是企业的重要竞争力。创业者应采取合理措施保护商业秘密，如与员工签订保密协议、加强内部管理等。一旦发现商业秘密泄露，应立即调查取证，要求泄露方承担法律责任，并采取必要措施防止商业秘密进一步泄露。

5. 公司治理结构问题

公司治理结构问题可能涉及股东权益、董事会决策、监事会监督等。处理这类问题时，创业者应了解公司治理结构的基本原理和法律法规，与股东、董事、监事等进行充分沟通，通过修改公司章程、调整董事会或监事会成员等方式完善治理结构。

6. 税务及财务违规

税务及财务违规可能导致企业面临严重的法律后果。创业者应确保企业遵守相关法律法规，规范财务管理和税务申报。一旦发现违规问题，应立即整改并向相关部门报告，尽量减少损失。

7. 反不正当竞争

反不正当竞争是维护市场秩序的重要手段。创业者应了解《中华人民共和国反不正当竞争法》的相关规定，避免从事虚假宣传、商业贿赂等不正当竞争行为。若遭遇不正当竞争行为，可以通过向相关部门举报、提起诉讼等方式维护自身权益。

8. 投资融资争议

投资融资争议涉及创业企业与投资者之间的权益分配、风险控制等。处理这类争议时，创业者应了解投资协议的具体条款，与投资者进行充分沟通协商；若无法达成一致，可以考虑通过调解、仲裁或诉讼解决。

总之，创业过程中可能会遇到各种法律纠纷。创业者应充分了解相关法律法规，遵循市场规则，加强内部管理，预防纠纷的发生。一旦发生纠纷，应积极应对，寻求合法途径解决问题。